ビジネス・キャリア検定試験® 標準テキスト

経営戦略

高山 誠・小林 康一 監修
中央職業能力開発協会 編

3級

第3版

発売元 社会保険研究所

ビジネス・キャリア検定試験
標準テキストについて

　企業の目的は、社会的ルールの遵守を前提に、社会的責任について配慮しつつ、公正な競争を通じて利潤を追求し永続的な発展を図ることにあります。その目的を達成する原動力となるのが人材であり、人材こそが付加価値や企業競争力の源泉となるという意味で最大の経営資源と言えます。企業においては、その貴重な経営資源である個々の従業員の職務遂行能力を高めるとともに、その職務遂行能力を適正に評価して活用することが最も重要な課題の一つです。

　中央職業能力開発協会では、「仕事ができる人材（幅広い専門知識や職務遂行能力を活用して、期待される成果や目標を達成できる人材）」に求められる専門知識の習得と実務能力を評価するための「ビジネス・キャリア検定試験」を実施しております。このビジネス・キャリア検定試験は、厚生労働省の定める職業能力評価基準に準拠しており、ビジネス・パーソンに必要とされる事務系職種を幅広く網羅した唯一の包括的な公的資格試験です。

　3級試験では、係長、リーダー等を目指す方を対象とし、担当職務に関する専門知識を基に、上司の指示・助言を踏まえ、自ら問題意識を持って定例的業務を確実に遂行できる人材の育成と能力評価を目指しています。

　中央職業能力開発協会では、ビジネス・キャリア検定試験の実施とともに、学習環境を整備することを目的として、標準テキストを発刊しております。

　本書は、3級試験の受験対策だけでなく、その職務の担当者として特定の企業だけでなくあらゆる企業で通用する実務能力の習得にも活用することができます。また、異動等によって初めてその職務に就いた方々、あるいは将来その職務に就くことを希望する方々が、職務内容の体系的な把握やその裏付けとなる理論や考え方等の理解を通じて、自信を持って職務が遂行できるようになることを目標にしています。

標準テキストは、読者が学習しやすく、また効果的に学習を進めていただくために次のような構成としています。

　現在、学習している章がテキスト全体の中でどのような位置付けにあり、どのようなねらいがあるのかをまず理解し、その上で節ごとに学習する重要ポイントを押さえながら学習することにより、全体像を俯瞰しつつより効果的に学習を進めることができます。さらに、章ごとの確認問題を用いて理解度を確認することにより、理解の促進を図ることができます。

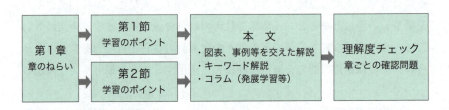

　本書が企業の人材力の向上、ビジネス・パーソンのキャリア形成の一助となれば幸いです。

　最後に、本書の刊行に当たり、多大なご協力をいただきました監修者、執筆者、社会保険研究所編集部の皆様に対し、厚く御礼申し上げます。

中 央 職 業 能 力 開 発 協 会
（職業能力開発促進法に基づき国の認可を受けて設立された職業能力開発の中核的専門機関）

目次

ビジネス・キャリア検定試験　標準テキスト
経営戦略 **3級**〔第3版〕

第Ⅰ部	**経営戦略概要**	1

第1章	**企業と組織の概念**	3
第1節	企業とは何か	4

■1 企業活動の本質 ― 4　　■2 企業活動の目的 ― 5

第2節	企業の構成要素	6

■1 外部環境と企業のやり取り ― 6

第3節	コーポレートガバナンス	9

■1 コーポレートガバナンス ― 9　　■2 株主主権論による企業統治 ― 10

■3 従業員主権論の企業統治 ― 11　　■4 日本版コーポレートガバナンス ― 12

第4節	企業の社会的側面	15

■1 企業の社会的責任 ― 16　　■2 コンプライアンス ― 17

理解度チェック ……………………………………………………… 19

第2章	**経営戦略の役割**	21
第1節	経営戦略とは何か	22

■1 経営戦略とは ― 22　　■2 経営戦略部門の役割 ― 24

■3 経営戦略部門の位置づけ ― 26

第2節	経営戦略業務の内容と体系	29

■1 経営戦略業務の特性 ― 29　　■2 経営戦略業務の内容 ― 30

第3節	経営戦略業務の体系	39

理解度チェック ……………………………………………………… 42

第3章	**経営戦略の必要性**	45
第1節	経営戦略はなぜ必要か	46

v

1 激変する経営環境と経営戦略の意義 — 46

2 経営戦略部門の必要性 — 48

第2節 これからの経営戦略 …………………………………… 50

1 これからの経営戦略 — 50 **2** これからの経営戦略部門 — 53

3 経営戦略部門に求められるスキル — 56

4 これからの経営戦略部門スタッフ — 58

理解度チェック …………………………………………………… 59

第4章 経営戦略の内容 ………………………………………… 61

第1節 事業ドメイン …………………………………………… 62

1 ドメインの定義 — 62 **2** ドメインの確定 — 64

第2節 コア・コンピタンス（企業の中核能力）………………… 68

1 経営資源とは — 68 **2** 経営資源の優位性と組織学習 — 70

3 コア・コンピタンスの概念 — 71

4 コア・コンピタンスを獲得するには — 71

第3節 競争優位性 ……………………………………………… 73

1 競争戦略の基本型 — 73 **2** 競争市場戦略 — 77

3 戦略グループと移動障壁 — 78

理解度チェック …………………………………………………… 80

第5章 経営戦略と経営計画 …………………………………… 81

第1節 経営戦略と経営計画 …………………………………… 82

1 経営計画の変遷 — 82 **2** 戦略的計画 — 86

第2節 戦略シナリオと経営計画 ……………………………… 89

1 戦略シナリオとは — 89 **2** 戦略シナリオ作成ステップ — 89

第3節 動的資源配分と経営計画 ……………………………… 95

1 経営資源 — 95 **2** 事業構造と資源配分 — 97

理解度チェック …………………………………………………… 101

第6章 経営計画 ………………………………………………… 103

| 第1節 | 経営目標 | 104 |

- **1** 経営目標の体系と必要性 ― 104
- **2** 経営目標の内容 ― 105
- **3** 経営数値目標 ― 105
- **4** 実現可能な目標水準の設定 ― 109
- **5** 経営基本目標のバランス ― 110

| 第2節 | 経営方針 | 111 |

- **1** 経営方針とは ― 111
- **2** 経営方針の内容と体系 ― 111

| 第3節 | 経営計画 | 113 |

- **1** 経営計画の概念 ― 113
- **2** 経営計画の策定 ― 114
- **3** 経営計画の種類 ― 115
- **4** 期間計画 ― 116
- **5** 機能別計画 ― 118
- **6** 投資計画 ― 121
- **7** 損益計画 ― 122

理解度チェック ・・・・・・・・・・・・・・・・・・・・・・・・・・・・・・・・・・・・・ 125

第II部　経営戦略策定プロセス ・・・・・・・・・・・・・・・ 127

第7章　経営戦略の策定プロセス ・・・・・・・・・・ 129

第1節　経営戦略策定の構造図 ・・・・・・・・・・・・・・・ 130

- **1** 経営戦略策定の目的 ― 130
- **2** 経営戦略策定の構造 ― 131

理解度チェック ・・・・・・・・・・・・・・・・・・・・・・・・・・・・・・・・・・・・・ 137

第8章　経営理念・ビジョンの設定 ・・・・・・・・・・ 139

第1節　経営理念の役割 ・・・・・・・・・・・・・・・・・・・・・・・・・ 140

- **1** 経営理念とは ― 140
- **2** 経営理念の内容 ― 141

第2節　ビジョンの設定 ・・・・・・・・・・・・・・・・・・・・・・・・・ 143

- **1** ビジョン ― 143
- **2** 経営理念・ビジョン・経営目標の関係 ― 144

理解度チェック ・・・・・・・・・・・・・・・・・・・・・・・・・・・・・・・・・・・・・ 146

第9章　経営環境の分析 ・・・・・・・・・・・・・・・・・・・・・・・ 147

第1節　経営環境とは何か ・・・・・・・・・・・・・・・・・・・・・・ 148

第2節 **経営環境の構成要素** ……………………………………… 150

1 マクロ環境分析 ― 151

2 製品・市場分析（製品ライフサイクル）― 154

3 顧客分析 ― 161

第3節 **経営環境分析と予測の方法** ……………………… 166

1 経営環境分析のステップ ― 166 2 環境要因の選定 ― 167

3 情報収集 ― 169 4 環境要因の変化予測 ― 170

5 機会・脅威の抽出 ― 171 6 重要経営課題の創出 ― 172

理解度チェック ………………………………………………………… 174

第10章 自社能力の分析 …………………………………… 175

第1節 **経営資源の分析** …………………………………………… 176

1 業績分析 ― 178 2 財務業績 ― 180

3 定性分析を含む業績指標 ― 181

第2節 **競合分析** …………………………………………………… 185

1 KSFの把握 ― 185 2 業界の競争構造の把握 ― 186

3 ポジショニング分析 ― 188

第3節 **自社の強みと弱み** ……………………………………… 190

理解度チェック ………………………………………………………… 191

第11章 経営資源と機会・脅威との競合 ………… 193

第1節 **市場浸透戦略** …………………………………………… 194

第2節 **製品開発戦略** …………………………………………… 197

第3節 **市場開発戦略** …………………………………………… 199

第4節 **多角化戦略** …………………………………………………… 200

1 多角化 ― 200 2 シナジー ― 201

理解度チェック ………………………………………………………… 203

第Ⅲ部 経営戦略に関する基礎知識 ·················· 205

第12章 組織マネジメントに関する基礎知識 ·················· 207

第1節 組織・人事制度の必要性 ·················· 208
1 組織マネジメント ― 208 　　　**2** 人事機能 ― 211

第2節 人々の動機づけ ·················· 215
1 個人の動機づけ理論 ― 215

第3節 戦略へのコミットメント創出 ·················· 222
1 集団へのコミットメント創出 ― 222
2 集団的意思決定と戦略 ― 223 　　**3** 戦略へのコミットメント創出 ― 225

第4節 コンフリクトとその解消 ·················· 227
1 コンフリクトの有効性 ― 227
2 部門間コンフリクトの発生要因 ― 228
3 部門間統合の組織戦略 ― 229 　　**4** コンフリクトの解消行動 ― 230

第5節 戦略と人的資源管理 ·················· 233
理解度チェック ·················· 236

第13章 会計・財務の基礎知識 ·················· 239

第1節 会計に関する基礎知識 ·················· 240
1 貸借対照表と損益計算書の関係 ― 240
2 株主資本等変動計算書について ― 243
3 キャッシュ・フロー計算書について ― 243

第2節 戦略的企業財務に関する基礎知識 ·················· 245
1 戦略的企業財務 ― 245 　　　**2** 企業価値最大化のための経営 ― 246
3 戦略投資 ― 247 　　　**4** M6A ― 247

理解度チェック ·················· 250

第14章 マーケティングに関する基礎知識 ·················· 253

第1節 マーケティングに関する基礎知識 ·················· 254
1 経営戦略におけるマーケティングの意義 ― 254

ix

目次

2 マーケティング・ミックス ─ 255

理解度チェック ……………………………………………………………… **260**

※関係法令、会計基準、JIS等の各種規格等に基づく出題については、原則として、前期試験は試験実施年度の5月1日時点、後期試験は試験実施年度の11月1日時点で施行されている内容に基づいて出題されますので、学習に際し、テキスト発刊後に行われた関係法令、会計基準、JIS等の各種規格等改正の有無につきましては、適宜ご確認いただくよう、お願い致します。

第 I 部

経営戦略概要

第 1 章

企業と組織の概念

この章のねらい

　企業とは、市場経済における経済活動の主な担い手であり、市場から資源を調達し、その資源に付加価値をつけた結果として、財やサービスを再び市場へ供給する。企業はこうした経済活動の中で何らかの資源を確保することで生存を続ける。

　こうした外部環境において企業は、多くの利害関係者を持つ。利害関係者との関係を形づくる基本的な制度的枠組みがコーポレートガバナンスである。コーポレートガバナンスについては大きく株主主権と従業員主権の2つの考え方がある。

　本章では、こうした企業の概念を整理し、その活動の本質的な意義やあるべき姿について検討する。

第1章 ● 企業と組織の概念

第 1 節　企業とは何か

学習のポイント

◆企業の本質とは、外部環境とのやり取りによってさまざまな
　資源を確保し、環境に適応しながら、生存し続けることである。
◆企業は、経済的かつ社会的な存在でもある。

1　企業活動の本質

　企業は、市場における経済活動の主な担い手である。企業は市場から
資金、労働力、原材料などを調達し、固有の経験や知識、技術などを投
入することによって付加価値を創出し、その商品やサービスを市場に対
して供給する。以下では、特に断りがない限りは、組織と企業は区別な
く用いる。企業は組織よりももう1つ下位の概念であり、組織の概念の
中に含まれる。より一般的に、組織とは、「2人以上の構成員からなる諸
力の体系」とされる（バーナード、1938）。そして、3つの要素、(1) 共通
目標、(2) 貢献意欲、(3) コミュニケーション、が組織の成立要件である。
　企業は、市場から資源を確保することによって、生存を続けていく。
その余剰資源の典型は利益であり、ほかにも企業が事業活動を行うプロ
セスの中で蓄積される目に見えない資産もある。これを「見えざる資産
(invisible assets)」と呼ぶ。こうした見えざる資産、具体的には、技術
や企業特有のノウハウ、ルーティンの蓄積、さらには、社会や顧客から
の信用、従業員の企業への忠誠心なども、企業が長期的に存続していく
うえで重要な経営資源なのである。→図表1-1-1

図表１−１−１●企業活動の基本的モデル

2　企業活動の目的

　企業の目的は、何か。ごく単純化していえば、企業の目的は、利益を上げることである。利益は、売上げと費用の差である。したがって、企業は、誤解を恐れずに単純化するならば、売上げを最大化するか、費用を最小化するように行動する誘因を持つ。経済学で想定する企業行動は、このように実に単純化されている。

　だが、日常的なビジネスの世界で理解できるように、企業は単に経済的な誘因だけで行動するわけではない。利益最大化だけで、世の中の企業の行動をすべて説明できないことは明らかであろう。たとえば、なぜオイルショック期に日本企業は社員を削減しなかったのであろうか。また、なぜ企業は、美術館や博物館、あるいはスポーツイベントの支援をするのであろうか。経済的誘因に基づく合理的意思決定だけでは、このような企業行動は説明がつかない。

　さらに、企業には社会的存在として「公器」の役割を果たすことが望まれる。企業活動は多くの社外を含めた利害関係者によって支えられている。企業は単に製品・サービスを創出するためだけでなく、企業活動の成果として得られた利益を社会全体に公正に還元することが期待されている。株主には適切な配当を、銀行には利子を、そして国や地方公共団体には税金を支払うことや、購買者や顧客にはよりよい製品・サービスをより安く提供するよう努めることによって、企業活動の成果を社会全体が享受できるようにすることも、企業にとって重要な使命である。

第1章 ● 企業と組織の概念

第 2 節 企業の構成要素

学習のポイント

◆企業は、外部環境の影響を受け、さまざまな主体との取引を
　行っている。
◆利害関係者と自社の利害の関係を調整しながら、企業は、社
　会全体の発展に寄与する社会の公器である必要がある。

1 外部環境と企業のやり取り

　企業は、外部環境との調整を行いながら存続していく。環境からの制
約なしに自律性を保つことができるのは、よほどの大きな資源を保有し
なければ不可能であろう。

　企業は、多様な取引関係を持っている。市場との取引関係における主
要な構成要素を取り上げてみると、次のようになる。

① 政府・地方公共団体や監督官庁
② 資金の供給者（株主や銀行など）
③ 労働を提供する従業員
④ 原材料の供給者（原材料の取引先や部品などの供給会社）
⑤ 商品の購入者（流通業者や顧客など）
⑥ 競争相手（同業種他社など）

　企業は、市場の中でこのような取引相手や競争相手との間でさまざま
な関係を形成していく。ただし、政府など公共団体などとのやり取りは、
市場を通してではなく政治的なものである。企業は顧客や競争相手とは
製品市場で、原材料や部品を供給する業者とは原材料市場で、資金の供

6

給者とは資本市場で、働く人々とは労働市場でつながっている。そして、それらの多くの市場関係全体の基盤に、政府が存在している。

このように、企業は多様な個人や組織体と複雑な取引関係を持っている。これらの人々や組織体は、それぞれの独自の欲求を持つ。株主はできるだけ多くの配当を望んでいるであろうし、従業員はより多くの報酬や賃金を獲得したいと思っている。また、供給業者はできるだけ高く売りたいと思うであろうし、顧客はなるべく安く買いたいと思っている。

これらの利害関係者（ステークホルダー）は企業に何らかの貢献を提

Column ☕ **コーヒーブレイク**

《株式会社の公共性》

　パナソニックの創業者、松下幸之助は「企業は社会の公器である。したがって、企業は社会とともに発展していくのでなければならない」として企業と社会の共存共栄を指摘した。パナソニックだけではなく、戦後日本の高度経済成長の中で急成長したソニーの井深、盛田も、同じような思いを持って日本国の成長と復興に寄与してきたのであろう。現代の経営者は、企業は社会の公器であるという認識を持って経営にあたっているであろうか。企業の不正経理や不祥事が相次いだ際には、「経営者になぜ免許が必要ないのか。社会への影響がきわめて大きいではないか」といった意見が出たこともある。

　なぜ企業に社会性や公共性が必要となるのであろうか。経済学者の岩井克人は、以下のように記している。

　「ひとつの団体がたんなるヒトの集まりとしてでなく、それ自体がひとりのヒトとして機能するためには、他者による承認、もっと一般的には『社会による承認』が不可欠であるのです」（岩井、2009）

　企業は、単に企業内の個々人の契約によって成り立つ私的な関係だけでなく、社会との密接な関係が不可欠である。すなわち、社会から存在すること、活動することを受け入れられる必要がある。この点において、われわれ個人が何か罪や不正義を行った場合に社会的制裁や罰を受けるのと同様に、企業も社会的に許されないような不正を働いたときには厳しく罰せられる。つまり、企業（法人）は本質的に公共的な存在である。

第1章 ● 企業と組織の概念

供し、その代価として何らかのリターンを求めている。企業が存続をするためには、これらの利害関係者との間の取引関係を維持し続けなければならない。利害関係者らが企業に対しての欲求を満たすことができなければ、この取引関係は壊れることになるであろう。

　他方、企業側もこのような取引関係を有利に展開したいと思っている。さまざまな利害関係者の多様な欲求に無理して対応してしまっては、企業の存続が危うくなる。また、企業側には経営の論理が働く。企業側はできるだけ安い賃金で安定的な雇用を確保し、なるべく安いコストで資金を調達したいと思っているのである。

　しかし、企業側の利益最大化の意図を利害関係者の合意を得られないままに利己的に押し通すことはできない。企業活動の成果として生み出された利益を、どのようにして企業の安定的な存続を図りつつ、利害関係者の意欲を阻害しないよう配分するか、が企業の基本的な課題となる。つまり、企業は、みずからを「社会の公器」と定義し、生み出す利益がすべての利害関係者をはじめ地域や社会全体の発展のために公正に還元することが期待されている。

第3節 ● コーポレートガバナンス

第 3 節 | コーポレートガバナンス

学習のポイント

◆コーポレートガバナンスには、大きく分けて主権が株主にあるとする考え方と主権は従業員にあるとする考え方の2つの考え方がある。

◆株主主権による企業統治の問題点は、企業が長期的な戦略策定ができにくくなる点にある。

◆従業員主権の企業統治は、人間を中心とした企業のあり方を示しており、日本型経営の基本的姿勢である。

1 コーポレートガバナンス

コーポレートガバナンス（Corporate Governance：企業統治）とは、企業とその利害関係者との関係を形づくるための基本となる制度的な枠組みであり、次のような問題についての取り決めが含まれる。

① 企業は誰のものか。

② 企業の経営者を誰がいかにして任免するか。

③ 企業の経営責任は誰にあるのか。

④ 出資者はそれぞれどのような権利と義務を持つのか。

前述したように、企業は単に商品・サービスを創出するための組織であるだけでなく、企業活動の成果として得られた利益を社会全体に公正に還元することが期待される。どのように利益を還元するのかについての利害対立はさまざまな形で調整することができ、そこで経営者は重要な役割を果たすことになる。

9

第1章 ● 企業と組織の概念

　資本主義社会において、企業の所有者は当然ながら株主である。しかし、その株主自身が拡大し、拡散した今日では、いったい誰が企業の所有者なのか、という問いに明示的に答えることは困難である。さらに、ストックオプションや株式の持ち合いなど、さまざまなステークホルダーが同時に複数の立場として存在することも、この企業の統治構造をさらに複雑にしている。

　こういったステークホルダーは、それぞれ固有の利害を企業に持ち込み、互いに対立したりあるいは調和したりして、一連の企業行動を起こさせる。その意味では、企業はこういった利害の調節機能でもあるといえよう。同時に、企業の経営戦略にとっても、いったい誰を企業の所有者と考えるかは、戦略策定、実行の根本的な問題となるのである。

　コーポレートガバナンスについて、大きく2つの考え方が存在している。1つは資本主義の基本的な考え方である株主主権論、もう1つがきわめて日本的経営に関係の深い従業員主権論である。

2　株主主権論による企業統治

　株主主権論は、企業の「所有と経営の分離」した状況を表している。それは、資本主義における企業が創業者の手から離れ、多数の一般大衆株主が企業を支配し、その経営は彼らから委託された専門経営者たちによって行われている状況のことである。そこでの企業の所有者は創業者個人ではなく、個の見えない一般株主である。彼らは個々では小さな権限しか持たないが、集合することで巨額の株式を保有する企業の所有者となる。

　特に欧米の企業においては株主の影響力は大きく、株主から市場において見放された企業は株価を落とし、その後の資金調達は難しくなる。株価は常に格付け機関によって査定され、社債などの発行はその評価に基づいて決定される。企業はこうしたことから、常に株価や格付けを見ながら経営活動を行うこととなる。株主は、株式市場を通じて間接的に

10

企業を統治する。さらに、法律的には株主総会が取締役の人事権を有している。つまり、経営を株主から受託された専門経営層は、その人事権を株主総会に委ねている。監査権も株主にあり、外部の専門監査機関が企業活動に不正な点がないかを監査している。こういったしくみは、いずれも株主の権利を保護するために設けられたものである。法律はこれに反する行為を厳しく罰する。株主主権とは、あくまで資本主義の精神である資本の論理を透徹化したものである。

　株主主権論から見たコーポレートガバナンスの問題として挙げられるのが、企業経営が短期的な目標を達成することにとらわれすぎてしまい、長期的な目標に対する経営、つまりは長期的ビジョンに立った経営戦略の策定ができない点である。これは、株主や金融資本の圧力によって、短期的な利益を追求することが求められるためである。株主の多くは、株式が投機的側面を多分に持つため、真に企業の命運にコミットしない。彼らは、短期的な企業業績に関心があるのであって、企業の長期的な発展にはあまり興味がない。毎期の決算において利益を上げ続け株価を維持しない限り、彼らは容易に株を売却してしまうであろう。そのことがさらに株価の低下を引き起こすこともあるし、場合によっては他企業からの敵対的買収の危機にさらされるかもしれない。そうならないために、常に企業経営は近視眼的になり、目先の利益を追い求めることに終始してしまう。その結果、トップマネジメントは短期的な利益を優先することで、長期的な成長が見込めるような経営戦略を立てることができなくなる。企業内の従業員にも大きくモラールダウンを引き起こすであろうし、形成に時間のかかる組織文化や経営理念の浸透などは難しくなるであろう。

3　従業員主権の企業統治

　株主は、企業に対して資金というインプットを行い、その成果に関して報酬を期待する。一方、従業員は労働力というインプットを行い、賃

金という成果を得る。資金は企業の価値創造の一要因であるが、すべてを決定する要因ではない。むしろ、企業がつくり出す価値の源泉は、それをつくり出す主体である従業員にこそあるといえるだろう。彼らのスキルや経験、ノウハウが、競争に打ち勝つ製品やサービス、他の企業に真似することのできない価値の根源を生み出しているのである。

こうした企業価値を生み出す従業員こそ企業統治の主役であるとするのが、人本主義（伊丹、1987）である。資本主義が資本を中心に考えるのに対して、人本主義は人間が中心となった企業のあり方を示している。人本主義は日本型経営における基本的姿勢を提示するものである。長期にわたり従業員の知識やノウハウを蓄積し、それを企業の見えざる経営資源として活用する、またそのための経営戦略を策定することが企業の目的となる。

しかし、こうした従業員主権のコーポレートガバナンスにも大きな問題がある。それは、株主軽視と経営監視の問題である。日本企業においては、長期にわたって相対的に株主の存在は希薄であった。もの言わぬ株主、株主総会の形骸化、取締役会の形式化は、結局企業活動の全容を見えにくいものにしてしまった。また、日本企業の多くが、監査役に企業内出身者を据えており、経営の透明性が高いとはいえない状態が続いた。しかし、近年のコンプライアンスの流れやアカウンタビリティ（情報開示）の必要性から、こうした不透明性の弊害を排除しようとする動きが加速している。

4 日本型コーポレートガバナンス

以上に見たコーポレートガバナンスの2つの考え方をもとに、日本企業に見られるコーポレートガバナンスの特徴を述べると、以下の点が挙げられる。

① 経営者の任免は、実質的には経営者自身によって行われる。誰が主権者であるかは不明確であり、企業内部の管理者や従業員は企業

を自分たちのものだと考えていることが多い。

② 企業経営に対しては、株主だけでなく、管理者や従業員、銀行、主要取引先も責任を持つ。企業の業績が不振になると、管理者や従業員がボーナスや報酬のカットを受け入れることもあるし、取引先や銀行が取引のうえで、リスクを負担することもある。

③ 経営者は、あくまでも内部の候補から選ばれる。

④ 従業員は、労働組合を通じて、経営をチェックする。

このことからもわかるように、日本企業の多くは基本的に従業員主権論を中心としたコーポレートガバナンスの考え方をとってきたといえる。そのことは、

・従業員がガバナンス制度に関与しているがゆえに、従業員の企業への帰属意識が非常に高い

・多くの利害関係者がガバナンス制度に関与しているため、利害関係者の利害の調整を行いやすい

といった長所を持って日本企業の成長を支えてきた。しかし、近年、外資系企業の市場参入やグローバルスタンダードの適用、企業のグローバル化などによって、こうした日本独自のコーポレートガバナンスによる企業経営が多くの批判にさらされることとなった。

日本型ガバナンスの短所として挙げられる、

・企業への帰属意識が強いがゆえに、ときには社会の価値観や倫理観に合わないような行動がとられてしまうことがある

・株主総会が形骸化されてしまい、経営者は自分で決めたことを、自分が実行に移し、その成果についても自分で評価するようになっており、経営者へのチェック機能が働きにくい

といった弊害は、過去には多くの企業不祥事を引き起こし、経営の不透明性は海外から多くの批判を浴びることとなった。こうした経験を経て現在では多くの日本企業が、これまでの従業員主権論から株主主権論への脱却、さらには新たなコーポレートガバナンスのあり方を模索している。

ただし、米国型コーポレートガバナンスがスタンダードであるという

考え方は若干の注意を要する。企業のあり方はそれぞれの国において独自であり、それぞれの国の社会や文化、歴史に強く影響を受けている。この点で、日本型コーポレートガバナンスが米国型に比べて異質であったとしても、世界的に見て標準的なコーポレートガバナンスから外れているということを意味しているわけではないということは注意すべきであろう。

第4節●企業の社会的側面

第 4 節　企業の社会的側面

学習のポイント

◆企業は利益追求の中で、企業の社会的責任として社会や環境にも配慮と責任を持たなければならない。

◆企業は社会的な存在であり、活動を行ううえで社会的なルールや規範を厳しく守らなければならない。

　前述のコーポレートガバナンスの重要性からもわかるように、もはや企業は単に自身の長期的成長や存続を目指すだけでなく、社会的使命を果たすことが義務づけられた存在ともいうことができる。そういった中で、企業は自社のなすべき社会的責任を示す必要がある。今後、経営戦略に組み込まれていくべき社会的な要素の代表的なものには、以下の3つがある。

① 社会貢献

　自社の存在価値を社会への貢献と位置づけるもの。より積極的に社会が求めているものを開発し、提供していくという姿勢を明示する。

② 人間中心主義

　企業は単に経営者と労働者、使用する人間と使用される人間、雇用する人間と雇用される人間の集まり、というだけではなく、社会に貢献するために志を同じくする同志の集まりであり、役割を分担して世の中に認められる商品やサービスをつくり出していく集団である、という考え方。

　社員にとって会社はみずからの自己実現の場、成長の場であり、みずからが幸せになる手段である。個人の幸せを通して組織の繁栄を実現できなければ、企業の長期的な存続や持続的成長は望めない。

15

③ エコロジー（環境との調和）

　産業革命以来、企業はある意味で地球環境からの資源を浪費することで成長を成し遂げてきた。しかし近年、地球の温暖化や絶滅種の増加、廃棄物汚染などの環境破壊、環境資源の浪費のツケが回ってきている。

　企業には、こうしたみずから招いた環境の危機的状況をみずから修復する義務があるし、今後はこれまでの浪費型経営から自然環境との調和を目指した省資源、リサイクル型の経営が求められている。

1　企業の社会的責任

　こうした企業の社会的責任を一般的に表した概念として企業の社会的責任（CSR：Corporate Social Responsibility）が挙げられる。CSRは、持続可能な社会を目指すためには、行政、民間、非営利団体のみならず、企業も、経済だけでなく社会や環境などの要素にも責任を持つべきであるという考えのもとに成立した概念である。

　歴史的には、環境問題が盛んにいわれるようになったころから、企業の環境破壊に対抗する主張としてCSRの考え方の基礎がつくられ発展したといわれるが、環境（対社会）はもちろん、労働安全衛生・人権（対従業員）、雇用創出（対地域）、品質（対消費者）、取引先への配慮（対顧客・外注）など、幅広い分野に拡大している。

　CSR活動に取り組むことは、一般に顧客や消費者に、その企業に対しての信頼や安心感などプラスのイメージを与える。消費者に対してプラスのイメージを与えることは、企業活動にプラスに働く。また、CSR活動への評価は、株価にも反映されやすい。反対に、商品の欠陥などの不祥事やスキャンダルなどで、社会的責任を果たしていないと判断された企業では、売上げや株価が落ちることもある。

　このことからも、現在では、企業が社会的責任を果たすことは、企業のコストというよりはむしろ、企業の長期的存続に欠かせない重要な要因になってきているのである。

2　コンプライアンス

　経営戦略の根幹となる経営理念や価値観、それが組織に浸透し形成された組織の文化や風土、これらは基本的に企業がなすべき理想を掲げており、経営にとって最も根幹となる重要なものである。しかし、こうした理念や価値観があまりに強力に浸透し、組織構成員が盲目的にその理念や価値観を受け入れてしまう、また受け入れる過程において、自分にとって好都合なこと、重要と判断したものだけを勝手に判断し理解してしまうことで、本来の理想や理念とはかけ離れた、企業成長や正しい企業行動を阻害するものになってしまうことがある。こうしたことを避けるために、近年注目されているのが、コンプライアンスの考え方である。
　コンプライアンスとは、企業が経営活動を行ううえで、法令や各種規

Column　　**コーヒーブレイク**

《CSRと日本企業》
　本文で見たような企業の社会的責任（CSR）といわれると、いかにも欧米企業の推進する経営思考や概念のような気がするのではないだろうか。しかし、本来企業が社会に貢献すべき存在であるとの考え方は、石田梅岩や二宮尊徳、福沢諭吉が事業における倫理を説いているほか、渋沢栄一なども「自己の利益と同時に社会国家の利益を図るべきである」と説くなど、日本の企業文化の中に古くから存在する概念である。特に二宮尊徳は「経済なき道徳は寝言である。道徳なき経済は犯罪である」と述べており、現在の一連の企業不祥事を起こした企業や利益のみを追求する企業にとって非常に厳しい箴言となるであろう。また、江戸期からの豪商であった三井家や住友家にも、
　「多くをむさぼると紛糾のもととなる」
　「職務に由（よ）り自己の利益を図るべからず」
　「名誉を害し、信用を傷つくるの挙動あるべからず」
といった現代の企業にも欠くべからざる倫理観を謳った家訓、いまでいうところの企業理念が明確に打ち出されている。

第1章 ● 企業と組織の概念

則などのルール、さらには社会的規範などを守る必要があることをいう。一般市民が法律を遵守することと区別するために、企業活動をいう場合は「ビジネスコンプライアンス」ともいう。

　もともとは法務関連の用語であるため「法令遵守」と訳されることが多いが、本来の意味においては「命令や要求に応じること」「願いを受け入れること」を意味し、近年では守るべき規範は法律に限らず、社会的通念、社会的常識、倫理や道徳を含むと解釈される。企業を取り巻く法律や規則は、民法や商法をはじめ独占禁止法、不正競争防止法、労働法、消費者保護法など多数あり、監督官庁の命令・指導などもある。さらに、営業活動や市場競争の公正さ、消費者などへの情報公開、職場環境（過労死、セクシュアル・ハラスメントなど）、公務員や政治家との関係、証券市場における取引など、多くの面で高い倫理観、それに基づく経営理念が求められるようになっている。

　実際にコンプライアンスの重要性が叫ばれるようになった背景には、経営理念の欠如、もしくは崩壊によって、企業の価値観そのものが機能しない中、違法行為や反社会的行為を行って消費者や取引先の信頼を失い、事業継続が不可能になる企業が頻発するようになったことがある。

　企業にとってコンプライアンスは、リスクマネジメント活動としてとらえられている場合が多い。しかし、高成果企業の多くはコンプライアンスの原義に則って、社会からの信頼を高めるための戦略的活動として企業倫理の強化、またそうしたコンプライアンスを取り込んだ企業戦略の形成に取り組んでいる企業なのである。

第1章 理解度チェック

次の設問に、○×で解答しなさい（解答・解説は後段参照）。

1 企業の目的は利益を最大化することであり、企業行動は利益最大化の原理によって説明可能である。

2 企業は自己の論理を一方的に押しつけるのではなく、さまざまな利害関係者の合意のもとで経営を行わなければならない。

3 株式会社制の利点は、株式の保有によって経営者が会社を支配できる点にある。

4 従業員主権論によるコーポレートガバナンスの考え方は、従来の日本型経営を象徴しており、現在において特に問題として挙げられる点はない。

第1章 理解度チェック

解答・解説

1 ×
企業の目的には利益の最大化もある。だが、実際には、企業行動は利益最大化の行動原理のみでは説明できないものもある。

2 ○
企業はみずからを「社会の公器」と定義して、社会的倫理観や利害関係者の論理にも配慮しなくてはならない。

3 ×
株式会社制において経営者は株主である必要がなく、また、株主は経営者に対して株主総会等によって適正なチェックを行わなければならない。

4 ×
従業員主権論によるコーポレートガバナンスの考え方の問題点は、株主の権利を軽視することや経営の監視機能が弱くなることなどが挙げられる。

第 **2** 章

経営戦略の役割

この章のねらい

　本章では、経営戦略の基本的概念について定義をし、さらに企業の経営戦略部門の役割、ならびに業務内容について整理を行う。経営戦略部門は、企業の将来的な経営戦略の策定や実施に関して中心的な役割を担う部門である。その一方で、経営戦略に関するあらゆる業務、戦略策定のみならず情報収集やトップマネジメントの補佐などにかかわるため、その業務は実際には非常に多岐にわたる。こうした経営戦略部門の複合的な役割と基本的な知識を理解することが必要である。

　経営戦略部門の企業内での位置づけや諸機能も多岐にわたっている。特に機能としては戦略策定機能のほかに、組織化、内部統制、情報提供といった機能も担う。環境の変化を踏まえた経営戦略、ならびに経営戦略部門の位置づけと機能を理解することが本章のねらいである。

第2章 ● 経営戦略の役割

第 1 節 経営戦略とは何か

学習のポイント

◆経営戦略とは「環境適応のパターンを将来志向的に示す構想
であり、企業内の人々の意思決定の指針となるもの」である。
◆経営戦略部門の本質的役割とは、全社的視点から創造的に経
営戦略を策定し、その実現を図ることである。

1 経営戦略とは

　経営戦略の重要性が認識され、それぞれの企業に経営企画室、経営戦
略部などといった経営戦略部門ができて久しい。古くはゼネラルスタッ
フとして組織の中枢部門としての役割が求められ、ときには参謀本部と
して、また長期経営計画の立案部門として、そして近年では経営戦略の
立案部門としての役割が期待されている。

　こうした背景には、近年の目まぐるしく変化する経営環境の影響が考
えられる。競争環境はグローバルに激化し、技術の進歩は急激な速さで
起こっている。さらに、消費者や従業員の価値観の変化、企業のガバナ
ンスの変化など、現在の経営環境はますます不確実性を増している。こ
のように、取り巻く環境が複雑さを増し、将来の予測が困難な状態につ
いては、Volatility（変動性）、Uncertainty（不確実性）、Complexity（複
雑性）、Ambiguity（曖昧性）の頭文字を取って VUCA と呼ばれている。

　こうした VUCA の状況において、企業が持続的に存続・成長をしてい
くことは、容易なことではない。企業は取り巻く環境に適応するために
精緻に環境を分析し、その分析から明確な方向性や目標を打ち出し、そ

22

第1節●経営戦略とは何か

してそれを確実に実行していかなければならない。それこそが経営戦略の策定と実行であり、その経営戦略にかかわる経営戦略部門が近年ますます重要性を増す理由でもあるのだ。

　経営戦略は、現代経営学の中心的なテーマの１つである。経営戦略という概念には幅広い解釈が存在するが、おおむね以下の共通項を持つ。

① 　経営戦略は、企業の将来の方向あるいはあり方に一定の指針を与える構想である。

② 　経営戦略は、企業と環境とのかかわり方、つまり環境適応のパターンに関するものである。

③ 　経営戦略は、企業におけるさまざまな意思決定の指針あるいは決定ルールとしての役割を果たしている。

　以上の共通項を総合すると、経営戦略とは「環境適応のパターンを将来志向的に示す構想であり、企業内の人々の意思決定の指針となるもの」（石井ほか、1996、p. 7）と定義できる。

　経営戦略は、以上に見るように構想であり、指針である。ゆえに、企業によってそれぞれ策定する経営戦略には少なからず差がある。抽象的なビジョンを掲げる企業もあれば、細かく定量的な経営計画を策定する企業もある。また、単一の事業を営む企業と複数の事業を営む企業においても策定すべき経営戦略は異なる。具体的には、単一の事業を営む企業における経営戦略は、その事業での市場競争に打ち勝つために顧客にアピールし、競争相手との優位性や違いをつくることが中心となる。一方で、複数の事業を営む企業における全社の戦略（企業戦略）においては、複数の事業の間の資源配分や共通の能力基盤を決め、さらには新しい事業を育てるための資源配分や能力育成が中心となる。なお、複数の事業を営む企業で１つの事業を担当する事業部レベルの戦略は事業戦略といわれる。

　つまり、経営戦略とは企業によってそれぞれ、その企業が策定するべきと考えるレベルにおいて存在する。しかし、昨今のデジタル技術やグローバル化の進展、それに伴う競争のスピードや質の変化、コーポレー

トガバナンスの重要性やそれに伴うアカウンタビリティの必要性から、壮大だが実行性が低い経営戦略では、市場や株主からの要請に応えられなくなってきている。世の中の変化を適切にとらえ、かつ自社の強みを最大限に活用した、より具体的で明確な経営戦略を策定し、それを粛々と実行することが求められているのである。

　現代の経営戦略の難しさは、以上に見たように、一方では短期的な株主価値の向上を市場や株主、その他の利害関係者から求められ、また一方では激しい環境変化や不確実性の中で長期的に存続するためのビジョンや方向性の模索、さらに長期にわたる企業競争力の源泉となる経営資源の創出や蓄積を求められる点にある。経営資源は主に、ヒト、モノ、カネ、情報に分類される。これらの経営資源の中で、特に競争上の優位性、つまり他の企業が真似できない優位性の源泉になる可能性を持つのが、情報的経営資源である。それは企業特異性が高く、かつ固定性が高いという特徴を持っているからである。なお、情報的経営資源とは、たとえば、企業の内部に蓄積されたノウハウ、技術、熟練、顧客情報、企業の外部に蓄積された当該企業についての信用、イメージ、ブランド等であり、①カネを出しても買えないことが多い、②蓄積に時間がかかる、③複数の製品や分野で同時多重利用ができる、といった性質を持つ。

　経営戦略やその実行を担うトップマネジメントや経営戦略部門に求められるものとは、VUCAの状況において、短期・中長期両方の視点で複数の課題に取り組みつつ、バランスよく経営を行う中でみずからのアイデンティティ、つまり「企業とは何か」という根源的な問いに答えていくことであろう。

2　経営戦略部門の役割

　そうした経営戦略の策定と実行に中心的な役割を果たすのが、企業における経営戦略部門である。従来の経営戦略部門は、その多くは経営企画部門や経営企画室、ゼネラルスタッフといった組織の調整役・まとめ

役としての役割を担い、また長期的な経営計画の立案部門としての役割が求められてきた。そして近年では、全社的な経営戦略の立案・策定を担う部署として、その役割は非常に重要なものとなっている。

しかし、主に日本企業においては、経営プロセスにおける経営戦略部門の役割は非常に重要であるにもかかわらず、実際のところは本来の経営戦略を担う役割を十分に発揮することができずにきたといえる。

日本企業の特徴の1つとして挙げられるのが、ライン（現場）の力が非常に強いことである。ラインは事業遂行の責任を持つだけでなく、その事業計画をも行う。こういった組織における本社の総合経営戦略、経営企画部門はライン間の調整の役割を果たしているにすぎないことが多い。各ラインから上がってくる事業戦略を事務局として全社的視点からとりまとめるというものである。

このような日本企業の経営戦略部門の姿に対して、欧米企業における経営戦略部門はまさに全社戦略の企画立案部門として中心的な役割を担ってきた。経営戦略部門には経営戦略に関するプロフェッショナルが集結され、最新のツールやテクニックを駆使し、きわめて分析的に経営戦略を立案する。そして、その戦略をトップダウンでラインに渡していくのである。組織内の調整ではなく、経営戦略そのものの全社的に統合された合理性が重要なのである。

経営戦略のあり方には、明らかに日本と欧米で差異がある。この両者はそれぞれの状況の中で、適合した経営システムとして機能してきたものである。それゆえ、どちらが優れているというものではない。日本企業の場合、ラインの中に経営戦略の企画・策定機能までもが内蔵されていて、組織全体で長期的な戦略を見据えた運用がなされるというメリットがある。一方、欧米企業の場合は、全社的視点に立った専門的かつ合理的な戦略が、組織内部の論理とは関係なくつくり出せるといったメリットがある。また、これらのことはそのまま弱点にもつながる。日本企業ではラインと組織内部の力に引っ張られ全体を見失うおそれがある。これに対し、欧米企業ではラインを無視した非現実的な戦略が生み出さ

れてしまうおそれもある。

では、理想的なあるべき経営戦略部門の姿とはどういったものだろうか。経営戦略部門の存在意義や強みとはどのようにとらえるべきものなのであろうか。結局、経営戦略部門の本質的な役割とは、全社的視点から創造的に経営戦略を策定し、その実現を図ることである。実際の現場からは見えてこない、大局的な視点から経営環境や自社の能力の分析を行い、環境の変化に有効に適応するための経営戦略を策定・立案する。それから、いくつかの意思決定機関での審議や現場との折衝などを通して、経営戦略をより具体的に数値化し、経営計画やアクションプランに落とし込んでいく。そして、これらのプランの円滑な実現を図るために、トップや現場とのコミュニケーションを緊密にし、各部門や事業部の活動を支援することである。

現実の企業においては、企業規模の大小、組織構造の違い、社長のタイプや意思決定方法の違いにより、経営戦略部門の名称や役割、機能はさまざまな様相を呈している。本テキストでは、主に日本企業を中心に、一方で実際の企業の中で現在の経営戦略部門がどのような役割を果たしているのか、またもう一方で企業の経営戦略の策定・実行を担う経営の中枢としての経営戦略部門のあるべき姿、そのためにどうすればよいか、の両方を視野に入れつつ、より具体的な経営戦略ならびに経営戦略部門の考察を行っていきたい。

3 経営戦略部門の位置づけ

（1）経営戦略部門の基本的な機能

経営戦略部門が担当すべき最も基本的な機能とは、前述したような企業の経営戦略の立案・策定・実行管理の機能である。しかし、そうした企業戦略を実際に策定するにあたっては、経営戦略部門はいくつかの異なる位置づけを持つことでスムーズに業務を行っている。その位置づけとは、以下のとおりである（丹羽、2007、p. 23）。

① 戦略スタッフ

各事業部門の持つ主要課題を解決する優先順位とシナリオを案出し、全社の実行を円滑に進め、成果に結びつけていくプロフェッショナル集団としての位置づけ。

② 管理スタッフ

経営計画の実行に際して、計画の策定や運用方針の決定、計画と実績との差異分析などの内部統制機能としての位置づけ。

③ 私的スタッフ

トップマネジメント直属として、全社的な特命事項（他企業の買収、グループ企業の合併・売却、新規事業のための提携等）を処理する特務機関としての位置づけ。

（2）経営戦略部門の社外における位置づけ

経営戦略部門は社外における活動や関係も多様である。業務が全社に関連しているため、外部の生きた情報を収集・分析しなくては業務を有効に遂行できない。そのため、経営戦略部門は社外に対しても多彩な位置づけを持つ。以下の3つは、その代表的なものである（丹羽、2007、p. 25）。

① 多面的情報収集センター

市場動向や業界動向などの外部環境の情報を常に収集するため、経営戦略部門の人々は新聞やマスコミで発表された情報を入手するだけでなく、その情報の精度や有効性を検証するとともに、みずから国内外における多彩な人や機関と接触し、生きた情報を手に入れなければならない。そうした意味から、さまざまな場所から情報を吸い上げる情報センターとしての役割を持つ。

② 折衝窓口

対政府、公官庁や業界団体との折衝の窓口として積極的に働きかけを行う。また、特命事項である提携先企業や買収対象企業との極秘裏の折衝においては、当事者として詳細内容を検討し交渉を進める役割がある。

③ ネットワーク・コーディネーター

　経営戦略部門は自身の持つ豊富なネットワークを生かして、社内の事業部門と社外の関係企業や有望なベンチャー企業、コンサルタントや教育機関との橋渡しの機能を果たすことがある。また必要に応じ、自社のパートナーとして適当か否かを判断することもある。こうした機能はネットワーク・コーディネーター、またはゲートキーパーやブリッジと呼ばれる。

第2節 ● 経営戦略業務の内容と体系

| 第 2 節 | 経営戦略業務の
内容と体系 |

学習のポイント

◆経営戦略部門の業務内容は、全社横断的であること、非定型
業務が多いことなどの特徴がある。
◆経営戦略部門の業務内容は、主なものとして戦略策定、戦略
管理、トップマネジメントの補佐、次世代事業・新技術の策
定の4つが挙げられる。

1 経営戦略業務の特性

経営戦略部門が遂行する業務は、ライン部門だけでなく人事部や経理
部、情報システム部などのスタッフ部門と比較しても以下の点で大きく
異なる（丹羽、2007、p. 28）。

① 全社および企業グループ全体を見る。

② 将来における可能性を取り込む。

③ トップマネジメントの意向や考えを具体化し、全社やグループ全
体に伝達し巻き込む。

④ 全社およびグループ全体の位置づけを、社会の客観的視点で行う。

⑤ 部門間・グループ企業間の課題を全社的視点から調整する。

この点からもわかるように、経営戦略部門の大きな特徴の1つは、今
後の企業の方向性や経営戦略の策定を、全社およびグループ全体の視点
から行うことである。

経営戦略部門は、その目的からして業務の範囲が非常に多岐にわたる。

業務の主なものを挙げると、

- ・戦略策定
- ・戦略管理
- ・トップマネジメントの補佐
- ・次世代事業・新技術の策定
- ・組織改革
- ・経営システムの刷新

といったものが挙げられる。

　そのほかに、経営戦略部門の特徴として挙げられるのが、非定型業務の多さである。主な業務を見てもわかるように、経営戦略部門には毎回同じようにして行われるような定型的業務は少ない。たとえば、中長期の経営計画を策定する場合においては、その策定の手法や手順に毎回同じ方法を使うことは少ない。これは、計画の質の向上のために、繰り返し同じ手法を使うのではなく、さまざまな手法を使って多面的に計画を策定する必要があるからである。同様に、その他の業務についても繰り返し同じ手法が使われることは少ない。

　さらに特徴として挙げられるのは、突発的な業務が多いこと、またトップ機密事項を扱うことが多いことなどである。これは、トップマネジメントの近くで業務を行っていることや、特命事項や買収・提携などの前もって予想することが難しい案件を多く扱うことなどが理由として挙げられる。

2　経営戦略業務の内容

　次に、さきほど見た経営戦略部門の担当する業務について、詳細に解説していきたい。ここでは、特に経営戦略部門にとって重要な「戦略策定」「戦略管理」「トップマネジメントの補佐」「次世代事業・新技術の策定」の4つについて見ていく。

（1）戦略策定

　経営戦略部門の業務の最も重要にして中心的な業務が、経営戦略の策定である。企業が今後進んでいくべき方向性を明確にし、そのために何をすべきかを提示していく戦略策定の業務こそ、経営戦略部門が存在する意義といえる。

　戦略策定業務は、大きく3つに分けられる。第1は経営環境情報の収集・分析・提供、第2に実際の経営戦略の策定、第3にその経営戦略に基づいた経営計画の立案である。

①　経営環境情報の収集・分析・提供

　経営戦略部門が経営環境情報を入手するのは、経営戦略の策定や経営計画の立案に必要な社内外の情報を漏れなく把握するためである。したがって、視野に入れる情報は「マクロ経済の予測・分析」「競争企業の動向」「市場予測」に加え、「業界動向の予測・分析」や「技術動向」等、実に広範囲で膨大となる。

　こうした経営環境情報の収集・分析のために、経営戦略部門はどこから情報を得ているのだろうか。また、それらの情報をどの程度活用しているのだろうか。環境情報の情報源として、経営戦略部門は主に「新聞・本などの公刊物」「調査機関・外部のデータベース」「業界からの情報」「官公庁の公開データ」といったものを活用している。高成長企業と低成長企業の情報源に違いがあるかどうかを見てみると、高成長企業においては「友人」「異業種交流ネットワーク」「外部セミナー」といったものからの情報の活用度がきわめて高い。それは、高成長企業がいわゆる公開されたありきたりの情報のほかに、非公式なネットワークを通じての独自に多様な情報を能動的に収集しているからと考えられる。そして、それらの情報が最終的に業績を分ける大きな要因となっているのである。一方で、非公式なネットワークを通じて得られた情報は、信頼性の面で十分に留意する必要があり、その情報源がどこか、信頼できる機関や人物か、別ルートで得られた情報と一致するか等、いくつかの観点で検証する必要がある。

第2章 ● 経営戦略の役割

　そして、収集した情報を分析することも経営戦略部門の重要な業務である。外部環境を分析する際に、活用される代表的なフレームワークとして、PEST分析、5Force分析等が挙げられる。

○ **PEST分析**：政治（Politics）、経済（Economy）、社会（Society）、技術（Technology）の4つの視点でマクロ環境を分析する手法である。
　→図表2-2-1

図表2-2-1 ● PEST分析

政治（Politics）	法令、税制、国の政策の動向など
経済（Economy）	景気、為替、消費者、物価、金利の動向など
社会（Society）	人口、文化、教育、ライフスタイル、気候の動向など
技術（Technology）	科学技術、インフラ、特許の動向など

○ **5Force分析**：ポーター（1995）によって提唱された、競合企業、新規参入者、代替品、供給業者（売り手）、顧客（買い手）の5つの競争要因によって業界構造を分析する手法である。→詳細は第9章第3節参照

　また、企業戦略の策定にあたっては、外部環境だけでなく、自社の状況、すなわち内部環境についても適切に分析しておく必要がある。自社の状況を定量的に把握するための手法としては、財務分析が挙げられる。財務分析によって、収益性、成長性、安全性、生産性といった観点から、自社の状況を客観的に把握することができる。→図表2-2-2

図表2-2-2 ● 財務分析

	主な財務分析指標
収益性分析	売上高利益率、ROA（総資産利益率）、ROE（自己資本利益率）、総資本回転率
成長性分析	売上高増加率、経常利益増加率
安全性分析	流動比率、当座比率、自己資本比率、売上高研究開発費比率
生産性分析	売上高付加価値率、労働分配率、労働生産性、総資産回転率

財務分析のほかに、内部環境についての強み・弱みを洗い出すための代表的なフレームワークとしては、バリューチェーン分析やVRIO分析が挙げられる。

○**バリューチェーン分析**：バリューチェーンとは事業システムの連鎖的な活動によって価値やコストが順次付加・蓄積され、顧客に向けた最終的な価値が生み出されるとする考え方である。バリューチェーン分析においては企業活動を購買物流、製造、出荷物流、マーケティングと販売、サービスといった主活動と、人的資源管理、技術開発、調達活動、全般管理といった支援活動に分類し、それぞれの機能ごとに価値とコストを割り出していく。

○**VRIO分析**：企業の収益性の要因を分析するためのフレームワークであり、自社の保有する経営資源をValue（価値）、Rarity（希少性）、Imitability（模倣性）、Organization（組織）の4つの観点から評価し、経営資源が持続的な競争優位を有するかどうかを検討する手法である。

　そして、前述の外部環境と内部環境それぞれの分析結果を組み合わせて、各企業における戦略課題を抽出していく分析には3C分析とSWOT分析が活用できる。

○**3C分析**：市場（Customer）、競合（Competitor）、自社（Company）の観点から、市場で成功するための要因を見つけ出し、自社の戦略立案に活用するためのフレームワークである。

○**SWOT分析**：自社を取り巻く環境と自社の持つ経営資源を、外部環境の機会（Opportunity）・脅威（Threat）、内部環境の強み（Strength）・弱み（Weekness）を軸に分類・分析するフレームワークである。

　次に、経営戦略部門の情報提供業務について見てみよう。情報提供業務とは、経営意思決定のために必要とされる国内外の情報を収集・分析した結果を、トップマネジメントおよびそれらの情報を必要とする各部門に提供する業務である。その際に重要となるのは、情報の用途によっ

て情報の種類、精度、情報提供のタイミングなどを十分に考慮することである。経営戦略部門がトップマネジメントや各部門に提供している情報には、大きく分けてマクロ経済情報、ミクロ経済情報、自社の経営概況についての情報、危機管理のための情報の4つがある。

② 経営戦略の策定

経営戦略の策定については、第3章において詳しく見ていく。ここでは、実際の経営戦略の策定において実際に経営戦略部門はどのような役割を果たしているのかを検討していく。

経営戦略部門が経営戦略策定の一連のプロセスの中で、最もイニシアティブを発揮しているものとして挙げられるのは「戦略大綱（ガイドライン）作成」であり、次いで「ビジョン形成」「戦略相互間および個別計画の調整・整合」といったものである。経営戦略部門は経営戦略の策定プロセスにおいては強いイニシアティブを発揮するものの、実際に戦略を実施するプロセスになるとイニシアティブが弱まる傾向がある。これは、戦略の実施プロセスにおいては現場の実行部門に戦略推進のイニシアティブが移行し、相対的に経営戦略部門のイニシアティブが弱まっているからであると考えられる。

高収益企業と低収益企業を比較した場合、高収益企業は低収益企業に比べて経営戦略の策定における経営戦略部門のイニシアティブが強い。総じて高収益企業の経営戦略部門は、全社統合的な強いイニシアティブを持って戦略の策定から実行まで深くかかわっており、その結果高い収益を享受することができているのである。

③ 経営計画の立案

中長期経営計画、短期計画などの立案・策定において経営戦略部門が一般的に駆使する策定手法（テクニック）の代表的なものについては、下記のような手法が挙げられる。

・需要予測
・競争要因分析
・財務投資分析

・資本予算

・PPM（Product Portfolio Management）　→第5章第3節

・コンピュータ・シミュレーション

・コンティンジェンシー・プランニング

・経験曲線分析

　また、現在では経営計画策定の手法も多様化しつつあり、従来のように経営戦略部門が設けたシステムを利用して各事業部門が提出したフォーマットを集計し、調整後答申案とする方法以外のものも利用されつつある。そうした手法の例は以下のとおりである（丹羽、1999、p. 48）。

〇ソフトアプローチ法

　　トップの意向をとりまとめ、いくつかの戦略シナリオを仮定し、これらを検証しながら最も実現性の高いものを選ぶ方法。

〇プロジェクトチーム法

　　全社プロジェクトを発足させ、経営戦略部門は事務局として参画していく方法。

〇ジュニアボード法

　　若手社員を策定メンバーに選出し、戦略シナリオを策定させる。経営戦略部門は議事進行役として参画する。

　なお、経営計画の具体的な解説は、第5章・第6章にて詳細に行う。

（2）戦略管理

　前述のとおり、実際に経営戦略が立案された後に実行段階へと移行すると、経営戦略部門のイニシアティブは弱くなる。しかし、実際に戦略計画が実行されているときにも、企業を取り巻く内外の環境は大きく変化し続ける。そうした環境の変化を冷静に分析・評価し、計画への影響の軽重と影響範囲に判断を加え、適切に経営戦略や経営計画を軌道修正していかなければならない。これを戦略管理という。こうした、戦略管理業務を遂行するのも、経営戦略部門の重要な役割である。

　戦略管理の業務は、以下の4つに分類される（丹羽、2007、p. 51）。

①　経営計画の進捗管理と実績対比
②　年度予算の総括と実績対比
③　全社、全グループ関連企業の管理・運営の効率化
④　ベンチマーキングによる実効性の測定

　経営計画は、実行されて初めて意味のあるものとなる。そのためには、自社内での成果の検討に加えてその分野で先行する他企業も視野に入れて、計画やシステムの比較・検討を行う（ベンチマーキング）必要がある。そして、もし実効性に欠けるものがあれば速やかに軌道修正や新たな経営手法の提案を行い、目標を達成できるようなサポートをすることも経営戦略部門の重要な役割である。

（3）トップマネジメントの補佐

　トップマネジメントを補佐する業務としては、まずトップみずからが意思決定すべき事項について、その決定がより誤りなく、かつ迅速に行われるようにトップのブレーンとして事前に調査・分析し意思決定の素案や試案等を作成・提案すること、そしてトップ主体の経営会議の事務局としての業務を遂行することが挙げられる。また、トップの価値観や企業観を理解し、それをより具体的に表現することができるように支援すること、さらにはトップの特命課題について調査・検討を加え、その対策を策定・上申するなど、経営全般にわたってトップの支援を行うことが含まれる。

　また、トップマネジメントの判断だけでなく、多くの企業では経営の意思決定は役員会などの複数のマネジャーによる合意のもとで採択されることが多い。その際に、意思決定を正しく行うために役員間の問題意識や案件理解度の統一を図る必要がある。そのために、前もって意思決定にかかわるトップマネジャーに案件の内容に対する不明点や疑問点がないよう説明を行い、意思決定の前提となる情報や知識の共有を図らなければならない。これも、経営戦略部門の重要な役割の1つである。

（4）次世代事業・技術の策定

現代の環境変化の中でも、特にその変化が激しいのが技術の進歩である。情報・通信技術の分野では、大型コンピュータでしかなし得なかった処理が半導体の進歩によりたった10年足らずで家庭用のパソコンで実現されるほどにダウンサイズされた。また、インターネットの爆発的な普及により、大量のデータや情報が数秒で交換できる情報網がたった数年足らずででき上がってしまった。こうした技術の進歩は、企業の活動にも大きな影響を及ぼしている。市場競争は熾烈になり、その技術に追随できない企業は急速に競争力を失う可能性もある。しかし、この技術の予測は非常に難しい。

こうした技術変化の中で企業が生存していくためには、現事業の要素を常に新しいものと入れ替え、他社との競争ルールを変更する技術を選択、あるいは開発していくほかにない。しかし、こうした次世代事業や技術の策定は、各事業部門や研究開発部門の自主的な努力だけでは達成し得ない。多くのケースで、経営戦略部門がイニシアティブを発揮することで実現が可能となるのである。

経営戦略部門がかかわる次世代事業・技術の策定には以下の3つが挙げられる（丹羽、2007、p. 65）。

① 次世代事業・技術の抽出と事業計画の策定・提案

経営戦略部門は、全社的な経営戦略策定業務を行っていることから、事業を実際に運営していくノウハウを熟知している。そのノウハウを新規事業の立ち上げの際に生かし、その運営の主導をとる。また、広い情報網から、自社の経営能力に見合った事業を探索することも可能となる。

② 新規事業・新技術の育成体制の確保

新規事業や新技術を策定した後に、それらを実行し、さらに成長軌道に乗せるための育成組織を選定しなければならない。これは、必ずしも自社の経営資源から獲得できるものでもない。場合によっては、業務提携やM&A（企業買収）といった外部資源の積極的な活用が必要である。

③ インキュベーション

第2章 ● 経営戦略の役割

　　インキュベーションとは「孵化器」を意味し、あたかも親が子どもを
卵からかえすように新技術や新事業を自社内で育て上げることをいう。
いくつかの企業では、インキュベーションの一環として、**社内ベンチャ
ー制度**を導入している。たとえば、この社内ベンチャー制度の募集から
発足までを経営戦略部門が担当し、新しい事業として育成することが可
能である。また、社内ベンチャーに出資者の立場から支援する**コーポ
レート・ベンチャー・キャピタル**（Corporate Venture Capital：CVC）
といった制度によって新事業や新技術の開発を支援する方法もある（丹
羽、1999、p. 67）。

第3節 ● 経営戦略業務の体系

第 3 節 | 経営戦略業務の体系

学習のポイント

◆経営戦略部門の業務体系を概観すると、その業務は非常に多岐にわたる。

◆経営戦略部門の業務には、実際には目立たない裏方業務が多いことがわかる。

　以上に見てきたような経営戦略部門の業務を体系化したものが、図表2-3-1である。

　この図表からもわかるように、経営戦略部門は企業の非常に重要な、かつ中心的な役割を担っている。しかし、その活動は必ずしも経営戦略部門独自でイニシアティブをとって行うものだけではない。場合によってはその業務がいわば縁の下の力持ち的な、目立たないところでの役割に終始することも多いのである。そういう意味では、経営戦略部門はまさに闘いの表舞台にはあまり姿を見せないが、闘いの大局をつかみそれを支配する参謀や軍師といった役割といってよいであろう。

第2章 ● 経営戦略の役割

図表2-3-1 ● 経営戦略部門の業務体系

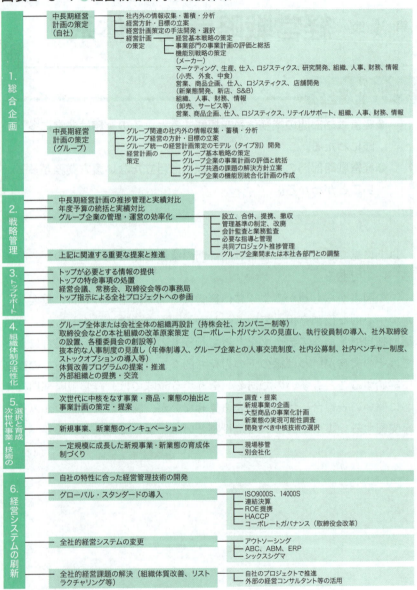

出所：丹波（2007）、p.30・31

Column ☕ コーヒーブレイク

《経営戦略部門の実際》

図表2-3-2は、ある企業における経営戦略部門の位置づけを示したものである。

図表2-3-2 ●経営戦略部門の位置づけ（網掛け部分）

	グループ全体	各ビジネスユニットおよび主要グループ会社	左記に所属する各事業部
全社 または 事業戦略	【本社の経営戦略部門】 ・事業ドメイン ・事業ミックス ・各ビジネスユニット等へのミッション提示	【各ビジネスユニット・各社の経営戦略部門】 ・グループ全体の方針に基づいた各ビジネスユニットおよび各社における戦略の策定・実行	【各事業部の企画部等】 ・ビジネスユニットの戦略を踏まえた事業戦略の策定・実行
機能別 戦略	【本社の管理部門(人事、経理・財務、調達等)】 ・全社戦略を踏まえた、各機能における方針策定、および全社共通のルールや制度の企画 ・共通的なオペレーションの管理(実行は別会社化)	【各ビジネスユニット・各社の管理部門(人事、経理・財務、調達等)】 ・各ビジネスの戦略実行サポート ・各ビジネス固有の課題やオペレーションへの対応	

　この企業においては、本社に加え、各ビジネスユニット・主要グループ会社にも経営戦略部門を有する。また、各ビジネスユニット・主要グループ会社の下にある各事業部においても企画部等の名称で経営戦略部門としての機能を有している。

　本社の経営戦略部門は、全社的な視点から経営戦略を策定し、各ビジネスユニットおよびグループ各社へ展開するとともに、経営戦略と整合のある機能別戦略の策定に向けて、人事や経理・財務、調達といった各機能別の組織にも経営戦略を展開する役割を担う。

　このことからもわかるように、経営戦略部門の役割はより重要となっており、現場の意見を十分に聞きつつも、経営が向かうべき方向を会社全体に伝え、実行につなげていくリーダーシップが求められている。

第2章 理解度チェック

次の設問に、〇×で解答しなさい（解答・解説は後段参照）。

1. 日本企業における経営戦略部門の特徴は、各ラインからの事業戦略を事務局として全社的視点からとりまとめる点である。

2. 経営戦略部門の業務においては、戦略策定が中心であり、策定された戦略をその後逐次確認する必要はない。

3. 経営戦略部門の業務体系を見ると、その多くは社内外で目立った華々しい業務ばかりである。

4. 経営戦略部門は、その機能として企業内部の戦略に関する事柄について活動を行い、企業外部に対する機能的な役割は持たない。

第2章　理解度チェック

解答・解説

1 ○
日本企業の特徴の1つとして挙げられるのが、ライン（現場）の権限の強さである。そういった特徴を色濃く残す企業においては、経営戦略部門の主な役割として各事業部門の調整がまず挙げられる。

2 ×
経営戦略部門の重要な業務として、戦略管理が挙げられる。これは、実行段階に移行した経営戦略を逐次監視し、必要に応じて適切に軌道修正を行う業務である。

3 ×
経営戦略部門の業務の多くは、いわば「縁の下の力持ち」といった、企業経営の表舞台に現れてこない裏方の業務である。こうした地道な経営戦略遂行のための業務が、結果として企業全体の戦略目標の達成に重要な役割を果たすのである。

4 ×
経営戦略部門の重要な機能として、企業外部に対してのネットワーク・コーディネーターとしての役割がある。これは、企業提携や合併、M&Aなどについての折衝窓口として関係構築や関係維持に努める機能である。

第 **3** 章

経営戦略の必要性

この章のねらい

　第2章で見たように、経営戦略とは環境適応のパターンを将来志向的に示すものである。近年の経営環境は、不透明化、突然性、流動性を特徴としてきわめて不安定かつ変動性、不確実性、複雑性、曖昧性のあるものとなっている。その中で、以前にも増して経営戦略の重要性が高まってきている。そのことは、同時に企業における経営戦略部門の重要性を改めて認識する結果となっている。それは、1つには企業の重要情報の集積地点として、もう1つは環境変化に適応するための企業変革の中心としての経営戦略部門に期待される役割の大きさからきているのである。

　こうした中で、経営戦略部門の企業内での位置づけや諸機能も多岐にわたるようになってきている。本章では、これからの経営戦略部門に期待される役割やスキルを考えていく。今後さらにめまぐるしく変化していくであろう経営環境にいかに適応していくか、そのカギを握るのが、経営戦略部門なのである。

第3章 ● 経営戦略の必要性

| 第 1 節 | 経営戦略はなぜ必要か |

学習のポイント

◆経営環境の変化の特徴として、不透明化、突然性、流動性の
　３つが挙げられる。
◆経営環境の変化に全社的に対応するために、組織横断的に活
　動できる経営戦略部門は今後ますます重要となっていく。

1 激変する経営環境と経営戦略の意義

　今日、企業を取り巻く経営環境は、すぐれて根源的であり、かつダイ
ナミックな動きを見せている。

　今日の経営環境の特徴を挙げると、第１にその不透明化が注目される。
マクロ的視点からいうと、技術革新の進展、グローバル化のさらなる拡
大、国内における少子高齢化の進展や人口減少、価値観の多様化といっ
た環境変化や社会変化が見てとれる。このような大きな変化の中で、企
業にはこれまでとは異なる企業行動が求められるようになってきている。

　情報・通信、バイオテクノロジー、宇宙科学といった分野での技術革
新が進み、それには企業行動も大いに影響を受けている。また、今日の
経済が「ボーダーレス・エコノミー」となっていること、少子高齢化・
人口減少による国内需要の減少が見込まれることは、企業の活動が必然
的にグローバルに考えて行動しなければならないことを意味する。

　さらに、価値観の多様化は、さまざまな意味で企業行動や企業のあり
方そのものに大きな影響を及ぼしている。これまでの企業の多くは、ひ
たすら経済成長を追い求めて、規模や量、シェアの拡大を重視してきた。

46

第 1 節 ● 経営戦略はなぜ必要か

しかし、そういった量的拡大も成熟化し、消費の多様化・高質化・多元化、あるいは新たな価値観の登場など、さまざまな消費者や消費性向に変化が起こっている。しかも、このような変動要因は、複雑に絡み合いながら、経営環境の不透明さをますます高めているのである。

経営環境変化の第2の特徴として、突然性が挙げられる。すなわち、経営環境要因の変動が何ら前触れもなく、あるとき突然に起こる傾向にあり、それが変化のスピードと相まって、もはや変化が起こったことすら認識できないほどになってきているのである。さらに、環境変動の突然性は誰にも予測することができない。それは環境要因が常に流動化しているからである。環境変化の第3の特質はほかでもない、この環境の流動性なのである。

経営環境の不透明化、突然性、そして流動性といったものは、環境の不安定さ、不確実性の度合いをますます高めている。もはや、安定的環境というものはどの企業にも存在しない。すべての企業が、程度の差はあるにせよ、取り巻く環境の変化、すなわちVUCA（ブーカ：変動制（Volatility）、不確実性（Uncertainty）、複雑性（Complexity）、曖昧性（Ambiguity））に直面するようになっており、その対応を強いられているのである。

そういった環境において、企業にはVUCAにどう対処するかというある一定の指針が必要になる。この指針こそが経営戦略なのである。戦略なき企業は、到底このような大きな変化の時代には生き残ることができない。言い換えれば、企業が長期的に存続するためには、急変する環境に対して有効に適応しなければならない。そのカギとなるのが、経営戦略である。

さらに注意しなければならないのは、さきほどから見てきたように、経営戦略の優劣が企業の業績格差、ひいては企業の持続的成長に大いに影響を与えているということである。今日のような熾烈な競争の中で、かつてと同じ戦略や平凡な戦略だけでは、企業が長期的に生存していくことが大変難しくなってきている。まったく異質の経営戦略、既存の考

47

え方や枠組みを超越した戦略的発想や画期的な経営戦略など、高度なレベルの経営戦略そのものが、企業の競争優位の源泉となるのである。

2 経営戦略部門の必要性

前述したように、経営戦略部門の役割とは、創造的に経営戦略を策定し、その実現を図ることである。つまり、経営環境、続いて自社の能力を分析し、環境の変化に有効に適応するために、全社的視点から経営戦略を策定・立案することなのである。したがって、企業の長期的生存を左右する経営戦略、既存の考え方や枠組みを超越した戦略的発想や画期的な経営戦略など、経営戦略を策定・実施するためには、同様に高度なレベルの戦略策定能力とそれを実行する実行力を持たなければならない。

画期的な経営戦略や創造的で革新的な戦略的意思決定は、元来その性格や内容からいって、トップマネジメントみずからが行うべき最も本質的な責務である。しかし、前述したような経営環境下で、しかも長期的な成長を継続していくためには、トップマネジメントの個人的な能力だけで対処することはかなり難しい。トップ1人の個人的な直感・知識・経験・能力だけで、激変する環境に対して有効に対処していくことはきわめて困難になってきたのである。

そこで、トップマネジメントの戦略的意思決定を補佐して、より高度なレベルでの戦略を策定するために、経営戦略専門の頭脳集団としての経営戦略部門が必要になってくる。つまり、企業が激変する環境の中でも長期的な成長を成し遂げていくためには、より画期的な経営戦略を策定・実施することができる経営戦略部門は、なくてはならない存在なのである。

さらに、経営に関する技術や知識の進歩もめざましいものがある。特に、環境や自社能力、経営計画を分析する手法と、株式等の発行や運用、企業買収に関する財務的手法は近年で大きく進歩した。また、その一方で企業経営の透明化の要請から、企業が守るべき情報開示義務や法律な

第1節 ● 経営戦略はなぜ必要か

ども著しく増えた。こうした、経営にかかわるさまざまな手法を駆使するため、また社会から要請される責任を果たすために、経営戦略部門は必要不可欠である。これらすべては今日の環境下においては担当する一部門、関係する一部門で対応することが難しくなってきている。そこで、関連する部門や人員を巻き込み、全社的に活動していくためには、組織横断的に活動できる経営戦略部門の役割が非常に重要となってくるのである。

第3章 ● 経営戦略の必要性

第 2 節　これからの経営戦略

学習のポイント

◆これからの経営戦略部門に求められるのは、VUCA（変動性、不確実性、複雑性、曖昧性）への対応と企業変革への挑戦である。

◆これからの経営戦略部門に求められるスキルとは、「デザイン能力」「情報リテラシー」「変革能力」の３つである。

◆これからの経営戦略部門スタッフに必要な資質や要件とは、企業全体を見る目を持つこと、交渉能力や各種の業務経験など、広さと深さの両面からの能力や知識、ノウハウである。

1　これからの経営戦略

　近年の環境変化の中で、特に企業のあり方そのものの見方・考え方に大きな変化が続いている。日本では企業どうしあるいは金融機関と株式持ち合いする慣習があり、それが継続的取引関係と長期的経営を支えてきた。しかし、バブル崩壊とともに、株式持ち合いも壊され、機関投資家が株式保有の中心となったため、もの言う株主が影響力を持つに至った。こうした機関投資家は配当の増加、売買差益を追求する姿勢を強め、株主にとっての企業価値向上と短期利益志向の戦略を求めるようになった。短期利益志向は、企業不祥事、経営者の暴走を起こしやすい。このような動きとは反対に、起業、企業活動の推進、経営の安定化を担わせるため、銀行の業務と出資制限が緩和された。

　環境変化に対応するための戦略として、コンセンサス重視、調整重視

第2節 ● これからの経営戦略

の経営からスピード重視の企業経営（**アジルカンパニー**：Agile Company）への変革をこれまでは試みたが、下請け工業国であった後発国のキャッチアップ・スピードがそれを追い越し、失われた30年を経て、生産のみならず研究開発でも一足飛びに追い越されている。

かつては世界トップとされた事業が失敗した原因は、日本企業の強みが変革を妨げるトラップとして弱みになっていたからである。

外部要因としての日本の強みは市場が大きかったことがある。そのため、企業は国内市場向けに製品を開発し成長した。ラジカセ、携帯電話、携帯音楽プレーヤー、パソコン、家電などの多くの製品は、日本市場向けにガラパゴス化していたともいえる。日本の輸出・貿易依存度は高度成長期以来、欧州や中国よりはるかに小さく、米国同様に内需依存が高いためである。日本企業は国内消費に支えられていたので、政府の政策と一体化した護送船団方式が有効であった。換言すると、関連産業のすそ野も広く大規模投資を必要とするので海外市場から利益を上げる必要があった自動車等の産業以外は、国外市場を見る必要がなかった。日本市場向けに先端技術を集めた世界初のインターネットとメールが付加した多機能携帯電話を発明した。日本の独自技術であった多機能パネルとアプリを搭載したスマートフォン（スマホ）は、海外企業によって商品化され世界的に普及した。日本企業は、それをキャッチアップして開発・発売することもなかった。

もともと日本企業内部の強みは、キャッチアップして安くてよい製品を速く開発するケイパビリティ（組織的な能力）であった。ところが、技術がコモディティ化（汎用化）しても、技術力とものづくりによる差別化戦略から次の戦略に転換しなかった。企業価値経営では利益創出を戦略の目標とするため、評価しやすい事業の利益追求を目標とするからである。皮肉なことに、日本がつくった最先端の技術と部品を使ったスマホが普及すると、技術や市場のイノベーションはまたたく間にキャッチアップされ汎用化され普及する。普及すると、経験効果によりコストが安くなる。コモディティ化すると市場は大きくなり、利益率も高くなる。

51

第3章 ● 経営戦略の必要性

　高機能・高品質の製品を開発するケイパビリティは、技術と製品がコモディティ化する以前には戦略の中心となる。やがて技術と製品が陳腐化すると、技術と製品による差別化から、汎用技術による使用性と製造品質による差別化戦略が有効になる。コモディティ化すると幅広い用途で使用されて汎用化し、市場はさらに大きくなる。コモディティ化した後の市場開発能力と製造能力は容易にはキャッチアップされにくい。このように市場の成熟度に応じて、必要なコア能力は違ってくる。同じコア能力を必要とする直接競合する脅威に対しては、総力を挙げて対処する。しかし、店頭販売対ネット販売のように直接競合しない製品・事業展開に対しては社内抵抗が大きく、戦略部門による舵取りがあって成功する。

　このような予想外の環境変化を決める要素は多様でかつ不確実である。したがって、トップダウンによりブレイクダウンした戦略の実行から、現場がオペレーションを遂行しながら革新的な戦略提案を行う戦略へ転換する必要がある。そのためには、たとえば両利きの経営ができるしくみをつくるなど、組織変革も必要となる。つまり、経営戦略部門も調整役から改革や変革の仕掛け人、変革のリーダーとしての役割が求められている。環境変化に追随するだけでなく、むしろその変化を積極的に利用し企業の競争力を強める大胆な戦略策定や組織変革が必要となる。そのためには、成熟事業はコモディティ化に対応した変革を行いつつ、衰退事業を売却する必要もあるだろうし、企業合併や買収などにより能力を補てんすることも必要となる。こうした要請に常に臨戦態勢で対応できる俊敏に行動する経営戦略部門は、今後ますます企業運営のカギを握ることになるであろう。

　こういった企業変革への要請は市場や社会からだけでない。デジタル化の流れの中で、シェアリングエコノミー（共有経済）や経済のデジタル化とサービス化が進むとともに、AIとロボットも含めたプラットフォームが世界の主導権争いを始めている。このようなグローバル化を推進する国家と企業が覇権とイニシアティブをとることになる。したがって、

52

経営戦略部門もその役割に変化を求められている。1つは、これまでの親会社絶対主義の中で担ってきた各事業部の調整や経営会議やプロジェクトの進行などのゼネラルスタッフとしての役割からの脱却である。前述のような常に大きく変化し続ける流れを読み、トップや社内の問題を解消するべく推進するために先手を打って常に俊敏に行動する役割が求められる。今後は、社内外、グループ企業、関連企業の経営監視や評価に対応できる体制づくりを推進し、トップマネジメントの意識やこだわりさえ変えていく経営参謀としての役割を担っていかなければならない。

2　これからの経営戦略部門

　経営戦略部門は経営の進化プロセスの中でさまざまな役割が求められてきた。しかし、従来の、特に日本企業の経営戦略部門は、トップマネジメントに対する定型業務中心の事務局としての役割や問題発生後の後始末的な役割の傾向が強く、最も重視すべき戦略策定機能を十分に発揮できずにいたといえる。

　ここでは、改めて本来の経営企画の役割である経営戦略の策定に注目し、その重要性について考える。以下では、最近の日本企業が抱えている課題の中でも特に難しいと考えられる VUCA（変動性、不確実性、複雑性、曖昧性）への対応ならびに企業変革への挑戦という戦略の課題について考察し、経営戦略、ならびに経営戦略部門の重要性を理解していくことにする。

（1）VUCA（変動性、不確実性、複雑性、曖昧性）への対応

　近年の企業を取り巻く経営環境は、すぐれて根源的であり、かつダイナミックに変化している。しかも、変化の方向が多様化すると同時に変化のスピードも進化し、変動性、不確実性、複雑性、曖昧性の度合いがますます高まっている。

　こうした経営環境下では、経営意思決定に伴うリスクが急増する。そ

第3章 ● 経営戦略の必要性

の一方で、意思決定により一層の戦略性、戦略的合理性が強く求められるようになっている。リスクが高まる中、さらに大胆な戦略、リスクテイク、変化に抵抗する社内の敵への対応を求められる難しい意思決定に迫られているのが、現在の企業経営なのである。

　このようなときにこそ、経営戦略部門の高度なレベルでの情報リテラシーがますます重要となってくる。VUCAに対応していくためには、より多方面から、より多くの企業経営に有効な情報を収集・分析・提供していくことが何よりも必要になってくる。経営戦略部門には、トップマネジメントからの高度な情報と現場から上がってくる生の情報など、企業経営には欠かせない多くの意味的情報が集まっている。そこで、経営戦略部門は高い知的能力を駆使し、これらの意味的情報を編集または加工して、再びトップや現場により有効な情報を、よりタイミングよく提供できるよう努めなければならないのである。つまり、高い「情報能力の編集・分析能力」を持った経営戦略部門の重要性がいまこそ発揮されなければならないのである。

　また、従来から利用されてきた計量的な手法による環境予測・分析は、その有効性と信頼性において現実とのギャップがあることが指摘され、その信頼を失いつつある。そうしたギャップを埋めるべく、次々と新たな手法や技術が開発され、また改良されている。こうした手法や技術をいち早く取り入れ、あるいはみずから創造し、それを自社の経営戦略の策定に生かせるようにカスタマイズし、実際に運用していくことも重要になってくる。競争の激しい環境においては、他社よりも少しでも早く新しい手法や技術を取り入れたものが優位性を築くことができるのである。そうした新しい手法や技術を導入したり開発するためには、全社的に経営を俯瞰し、適切に手法や技術を駆使できる経営戦略部門が非常に重要となってくる。

（2）企業変革への挑戦

　激しい環境変化の中で、どの企業も来るべき新たな経済や社会の構造

54

変化に向けて、これまでの企業のあり方を根幹から変えようとしている。

　前述したように、日本的経営という経営のソフトウェアは、かつて日本企業が欧米の先進企業にキャッチアップすることを経営課題としていた時代に、アメリカの企業経営をひな型にして日本的な改良が加えられたものである。こうしてでき上がった日本的経営は、これまでの日本企業を取り巻く環境下ではきわめてうまく機能してきた。しかし、近年のように急変する経営環境の中では、もはや独自のローカル・ルールである日本的経営は通用しなくなってきている。日本企業は世界経済においてすでにフォロワーの立場を卒業し、むしろ経済を牽引するリーダーの立場に立たなければならない。

　そこで必要とされるのが、経営戦略の「真似」から「創造」への転換である。これからの日本企業は、欧米のモノマネではない、独自性のある企業独自の戦略を策定しなくてはならない。そのためには、そうした経営戦略を創造していける企業に、自身を変革していかなければならないのである。これからの日本企業のイノベーションに最も要求されるのは、新たな企業パラダイムを創出することである。それはある種の情報創造活動である。これまでの知識や情報にこだわらず、それを建設的に破壊して、まったく新しい経営戦略、画期的な経営戦略を策定していかなければならない。

　近年のグローバル・スタンダードへの移行やコーポレートガバナンスの変化は、みずからの変革というよりはむしろ対外的な圧力から起こった変革であった。しかし、そうした中でもいくつかの優良企業と呼ばれる企業では、過去から続くいわゆる日本的経営のよい点と、グローバル・スタンダードやコーポレートガバナンスに対応した企業の果たすべき義務や責任、グローバル化のよい点を結びつけ、独自の企業戦略を策定し、実行している企業も少なくない。こうした企業の成功は、結局環境の変化に単に押し流されるのではなく、むしろ積極的にその変化に適応し、みずからを変革した結果である。

　こうした結果からも、経営戦略部門の重要性は切実に感じられる。よ

第3章 ● 経営戦略の必要性

り高次元の構想力や想像力を持って経営戦略をデザインすることができる経営戦略部門を企業が持つことが、企業が今後生存していくための重要な必要条件の1つに挙げられることはいうまでもない。

3 経営戦略部門に求められるスキル

　今後、より確実に、そして的確に経営戦略を策定し実行していくために、経営戦略部門に必要なスキルとは一体どういったものであろうか。

（1）デザイン能力

　「デザイン能力」とは、頭の中にイメージしたものを具現化して、陶器や絵画、そして製品など、何か目に見える形へとつくり上げる能力のことを指す。これに対する能力として挙げられるのが、プランニング能力である。プランニング能力とは、デザイン能力と比べて計数的で緻密なものであり、実行するまでの手順や具体的な方法といったものを細かく練り上げることを意味する。こうした意味の違いからすると、これまでの日本企業における経営戦略部門の役割の多くは、プランニングに近かったということができよう。

　しかし、これからの日本企業に要求されるのは、新たな企業経営におけるソフトウェアの創出である。新しい企業経営のソフトの創出のためには、企業の持つビジョンやロマン、理念、価値といった抽象的な概念を具現化するための努力や能力、活動は欠くことのできないものである。不確実性に満ちた経営環境に有効に対応して、企業が長期的な成長を成し遂げるためには、目指すべき方向や未来像をより創造性豊かに描き出し、進むべき生存領域（ドメイン）を戦略的に決定していく必要がある。

　そのためには、プランニング能力よりむしろ漠然としたイメージを具現化できるデザイン能力が必要となる。しかも、それは高いレベルの想像力や構想力を持ったデザイン能力である。実際に多くの高収益企業を見てみると、そこにはトップマネジメントや創業者による壮大かつ崇高

な企業理念やビジョンがある。そうした企業理念やビジョンをただの目標や言葉だけのものにせず、実際の企業戦略にまで落とし込むことが可能なデザイン能力を持つ有能な経営戦略部門の存在が不可欠であることがよくわかる。

（2）情報リテラシー

　これからの企業経営において、最も価値が置かれ、高収益企業と低収益企業を分ける分水嶺となる経営資源は「情報的経営資源」である。この情報的経営資源には、形式的情報と意味的情報の２種類あるが、なかでも後者の意味的情報のほうがより重要なものとなってきている。意味的情報とは、知的活動により新たに創造され、蓄積された知識の集合体、すなわち知識である。したがって、こうした知識を扱うこれからの経営戦略部門には高い知的能力が必要とされてくる。同時に、「情報の編集能力」も要求される。企業の中の情報の中枢にあって、情報を受信・発信するのが経営戦略部門である。トップマネジメントからの高度な情報と、現場から上がってくる生の情報とが混じり合う場所こそが、この経営戦略部門なのである。ここで、これらの情報が編集し直され、再びトップや現場に発信されるのである。こうした意味で、より高度に、より正確に、よりタイミングよく、情報を提供できるかどうかは、経営戦略部門の情報リテラシーにかかっているといえるのである。そして、その能力の差が、そのまま経営成果として反映されるのである。

（3）変革能力

　さきに見たように、経営戦略部門は今後変革の仕掛け人としての役割が求められる。もちろん、企業変革にはトップのみならず組織全員の参加が重要である。ただ、その変革のイニシアティブはトップにあり、実行のプロセスの中核は組織にある。そして、経営企画部門には企業変革の手順や方法などをデザインし、そのプロセスを支援することが要求されるようになる。トップのアイデアを具現化し、その実行計画を立て、

変革プロセスの中で必要に応じて介入し、支援していくのである。

　企業変革のプロセスには、より専門的で高度な知識が必要である。また、ときとしては政治的能力も必要になる。駆け引きや妥協、圧力といったさまざまな手法を駆使することが必要なのである。このような意味から、経営戦略部門はトップと表裏一体の関係にあるといえる。トップの抱く企業経営のビジョンに向かって、変革を推進していく分身が経営戦略部門なのである。

4　これからの経営戦略部門スタッフ

　次に、経営戦略部門に属するスタッフの資質や要件に焦点を当てる。これからの経営戦略部門スタッフに求められるのは、企業およびグループ企業の全体を見る目を持つことである。しかも、経営戦略部門自身で解決するのでなく、事業部門、他のスタッフ部門、グループ企業、課題によってはトップマネジメントみずからが自主解決するのを支援する立場にある。その立場からも、命令権はなく、解決する手法の高い効果、実践のしやすさという実施部門の視点で考える手法開発能力の高さが求められる。

　また、関係部門との手法適用上の障害、起こりうるデメリットや社内の敵の解消、メリットの還元ルールなどを現実的に調整できる交渉能力も不可欠である。さらに、戦略を策定するうえでの深い見識や知識、そして豊富な社内外での業務経験も不可欠である。それは、実際により的確な経営戦略を策定するためだけでなく、策定した経営戦略を社内の各事業部門やスタッフ部門に納得させるだけの権威を持たせる意味でも、非常に重要である。そして最後に、さまざまな利害関係者や内部の抵抗勢力からの圧力や、激しい環境変化や社会変化、急速な技術転換などに立ち向かっていけるタフネスさが必要なことは、いうまでもない。

第3章 理解度チェック

次の設問に、○×で解答しなさい(解答・解説は後段参照)。

1 画期的な経営戦略や創造的な意思決定はトップマネジメントみずからが行う本質的な責務であり、他の部門がかかわる事項ではない。

2 経営戦略部門は、従来から利用されている環境予測のための定量的手法だけでなく、新たな手法も取り入れたり創造することでより正確な環境分析を行うことが重要である。

3 これからの経営戦略部門に必要となるのは、激動する経営環境に素早く適応できるような俊敏な意思決定を行うための方法を創造し、実行することである。

第3章　理解度チェック

解答・解説

1　×
近年の激しい環境変化においては、トップマネジメントの個人能力のみで経営戦略を策定することは難しい。そこで、トップマネジメントを補佐し、より高度な経営戦略を策定するために、経営戦略部門の役割が重要となる。

2　○
環境を分析する手法や技術は、日々進化している。こうした手法を積極的に取り入れて定量的な分析を行うだけでなく、みずから分析方法を創造することは、経営戦略部門に課せられた重要な役割の1つである。

3　○
これからの経営戦略部門に必要となるのは、単なる調整役ではない、変化する経営環境に企業が適応できるような企業改革・企業変革への仕掛け人、リーダーとしての役割である。こうした役割を経営戦略部門が担うことで、環境変化に迅速に対応できる俊敏な企業経営を実行することが可能になるのである。

第 **4** 章

経営戦略の内容

この章のねらい

　企業の経営戦略を策定する際に最初に議論されるものが、ドメインの定義、コア・コンピタンス（企業の中核能力）、競争優位性、シナジーなどである。本章では、まず経営戦略の全体像をつかむことを目的としてこれらの概念を簡潔に整理する。

　ドメインの定義、コア・コンピタンス、競争優位性、シナジーの4つは、企業が自分自身の活動領域や存在意義を定義し、そこで活動する中核となる能力を認識・構築し、その領域で生存するための競争を理解し、その中で企業の持つ資源間での相乗効果を目指す。これらは企業が活動していくうえで欠かせない一連の活動と密接に関係している。これらを包括的に概観し、理解することが本章の目的である。

第4章 ● 経営戦略の内容

| 第 1 節 | 事業ドメイン |

学習のポイント

◆ドメインとは、企業が事業活動を行う領域を意味する。

◆ドメインはさまざまな要因を考慮し、時間の経過に従って更新し、かつ具体的に定義される必要がある。

1 ドメインの定義

　企業の長期的な成長を見越して、どのような**ドメイン（事業領域）**で活動するのかを決定することが、詳細な経営戦略に先立つ。経営戦略の機能は、外部環境の生み出す脅威や機会に対して企業の経営資源と組織能力をいかに適合させて成長を図るのかということにある。そのために必要となるのが、どのような事業領域で自社と外部環境との相互作用を展開していくかを意思決定することである。それはすなわち、ドメインを定義するということである。

　ドメインの定義とは、現在から将来にわたって「わが社の事業はいかにあるべきか」を決定すること、つまり、基本的な企業の環境適応の戦略ないし長期的構図を描くことである。エイベル（2012）によれば、ドメインとは「顧客（ターゲット）」「技術（ノウハウ）」「機能（価値）」の3つの軸によって定義された領域である。それは、言い換えれば**図表4-1-1**に示すように、「誰へ（Who）」「どのような価値を（What）」「どのような技術・ノウハウで（How）」提供するか、を意味している。

　経営戦略を環境の生み出す脅威や機会に企業が蓄積した経営資源を適合させることと考えれば、ドメインの定義は企業がその経営資源を展開

62

第1節 ● 事業ドメイン

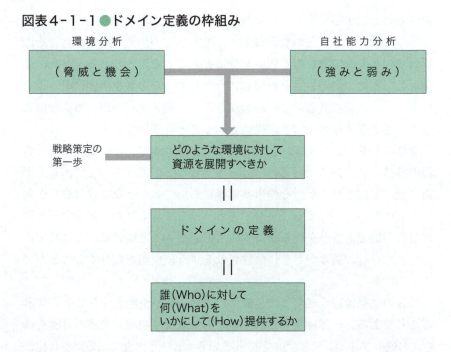

図表4-1-1 ● ドメイン定義の枠組み

すべき外部環境の範囲を特定することであり、経営戦略の決定の基礎となるものである。このことから、ドメインの定義とは経営戦略を策定するための領域（戦略空間）を決めることとも考えることができる。

ドメインの定義は、より具体的には企業が事業活動を行う領域を決定することである。企業がドメインを定義するということは、多角化の広がりの程度を決めることであると同時に、より本質的には企業のアイデンティティ（同一性あるいは基本的性格）を定めることでもある。どのような事業領域を自社のアイデンティティでもある活動領域として選定するか（企業ドメイン）、あるいはどのような事業領域で競争相手と戦っていくのか（競争ドメイン）、その概念的な立地を特定することである。

しかし、なぜ企業の事業領域やアイデンティティを決める必要があるのか。成長が期待される事業であれば、何も決めずにどんどんやっていけばいいのではないかと思われるかもしれない。企業は、ドメインを定

義することによって次のような効果を期待することができる。

　第1の効果は、企業の意思決定者たちの注意の焦点が限定され、その領域での必要な情報を深く収集することができることである。また、企業としてどの方向へ事業を展開しようとしているのかを明確にすることによって、組織に共通の認識が形成され、組織メンバーから事業展開に必要なさまざまなアイデアが提供されることも期待できる。

　第2の効果は、ドメインを限定することによって、どのような経営資源の蓄積が必要かについての指針を与えることができることである。事業領域が限定されると、その事業領域においてカギとなる経営資源が何であるかを明らかにすることができる。そして、これから蓄積すべき経営資源が何であるかを明らかにすることができると同時に、これまで培ってきた自社の強みがさらに強化されるように資源を配分することができるのである。

　第3の効果は、企業全体に組織としての一体感を醸成することができることである。一体感が生まれる1つの源泉は「組織が共通の目標を持ち、共通のアイデンティティを持っている」という感覚である。多角化が進んで多くの事業を持つ企業の中には、資源配分において分散のマイナス効果が表面化する、あるいはアイデンティティの危機を迎えるケースが少なくない。ドメインを定義することによって、組織に一体感が醸成され、事業間の協力や相乗効果が実現できることが期待されるのである。

2　ドメインの確定

（1）ドメインの物理的定義と機能的定義

　マーケティング研究者であるレビット（2007）は、製品・サービスと市場のかかわり方に関する一連の研究において、アメリカの鉄道産業が斜陽化した理由をドメインの定義の誤りにあると指摘した。自社の運営する鉄道事業を市場のニーズに関連させて「輸送」事業として定義すべきところを、失敗した企業の多くは文字どおり「鉄道」事業として規定し

第1節 ● 事業ドメイン

たために顧客のニーズに応えられなくなり、鉄道以外の新規事業にも進出できず、みずから成長の可能性を限定してしまったのである。

　もしこのとき「輸送」事業として定義していれば、鉄道会社はモータリゼーション（自動車の普及と自動車社会）の到来への対応に遅れることなく、もっと早くから他の輸送手段として航空機、乗用車、バス、オートバイ、船舶などにも着目し、これらの手段への対策や他事業への多角化を考えることができたはずである。このように、アメリカの鉄道会社は一時はほぼ独占的な利益を享受したが、事業の定義を誤ったがゆえに斜陽化してしまったのである。

　「鉄道」という製品・サービスそのものに基づいてなされる事業領域の定義を「物理的定義」と呼ぶが、製品や技術の多くはいずれ陳腐化してしまうため、物理的定義では長期的な成長の方向性を見いだすことは難しい。これに対して、製品や技術そのものではなく、その製品や技術がどのような機能を提供するのかという視点に立ってなされる事業の定義を「機能的定義」と呼ぶ。前述の例を考えると、もし鉄道事業を「輸送」サービスを提供する事業と定義していれば、新たな事業の広がりが見えてくるのである。このことからもわかるように、ドメインの定義において重要となるのは、ドメインを機能的側面から定義することにより将来にわたる展開方向を示すことを可能にすることである。逆に、自社の提供する製品やサービスをありのままとらえてしまっては、その本質的な意味を理解できずに結果としてドメインを限定してしまい、限られた将来の展望しか描くことはできない。

　日本の大手鉄道会社の事業ドメインは設立当初からうまく考えられてきたといえよう。実際に、現在でも大手鉄道会社は、遊園地や高層タワーなどエンターテイメント事業や百貨店など流通事業、宅地開発などの不動産事業といったように多角化している。これはドメインの定義が単なる旅客輸送ではないからである。むしろ、「生活基盤」事業といった旅客輸送の先にあるエンターテイメントや流通、不動産など事業が広がりのあるドメインとして定義されているためである。

65

（2）ドメイン定義の考え方

　経営戦略を策定するプロセスから見ると、ドメインとは、環境の分析を自社資源とそれに基づく能力の分析から定義するものであるといえる。しかし、ここで忘れてはならないのは、環境の変化に応じてドメインも変化しなければならない、つまり、ドメインとは決して固定的なものではない、ということである。ドメインの定義は一度決めればあとはそのままでよいというような静的なものではなく、外部環境との相互作用に応じて動的に変化・革新していくものであるととらえなければならない。また、ドメインの定義が事業展開の推進力として機能するためには、組織や社会といった外部環境の相互作用の中で、そのドメインに関するコンセンサス（**ドメイン・コンセンサス**）を形成することが必要なのである。

　このことを含め、望ましいドメインを定義するために考慮すべき項目として、次のようなことが挙げられる。

① 　企業の目的、哲学、経営理念などのエッセンスを統合的に括る魅力的な概念および言葉を創造すること

② 　戦略策定プロセスの階層の最上位に位置させ、全社戦略、事業戦略、機能別戦略、そして組織の行動規範にまで一貫性を持たせること

③ 　定義する戦略領域には、深耕する可能性があること

④ 　ある程度の抽象性、曖昧性、ロマンを内包し、その解釈に豊かさがあること

⑤ 　創造的な発想を刺激する構想力を持つこと

⑥ 　未来への方向性と広がりを持つこと

⑦ 　自社の特徴あるいは強みを、わかりやすく表現すること

⑧ 　組織メンバーの思考・行動様式にまで、具体的に適用できるような身近な概念であること

　端的にいえば、定義されるドメインとは、時代のトレンドや社会のニーズに沿った緩やかな、また未来性を持つものであり、そのもとで組織メンバーの多様な解釈や創造性を促進し、メンバー全員の総力によってあるべき姿や目的を実現することができるものが望ましいのである。

第1節●事業ドメイン

　これに対し、ドメインの定義でよく見られる誤りは、「単なる抽象的な傘」としての表現になってしまうことである。企業が事業を幅広く展開している場合、それらの事業のすべてを含む傘のようなものとしてドメインを考えてしまいがちである。しかし、その傘としての表現は、たとえば「総合○○企業」や「○○の総合的企業」といった抽象的な表現になりがちであり、その表現では方向性や将来的な広がりが漠然としていて理解することが難しい。こうした誤りは、「いま現在行っている事業のすべてを含まなければならない」という意識的・無意識的な思い込みによってドメインを定義することから起きていると考えられる。ドメインの決定は過去の意思決定や現在の事業のまとめではなく、将来に向けての方向性の決定である。ドメインは「限定される」ことに意味があり、「包括する」ことに意味はない。

67

第4章 ● 経営戦略の内容

| 第 **2** 節 | # コア・コンピタンス（企業の中核能力）

学習のポイント

◆経営資源とは、企業が利用しうる資源や能力の総称である。なかでも情報的経営資源の重要性が高まっており、組織学習により効率的に蓄積することが可能である。

◆企業特有の経営資源で、他の企業が模倣困難なものをコア・コンピタンスと呼称する。

1 経営資源とは

　経営資源とは、企業が利用することのできる資源や能力のことを指し、その中には多様なものが含まれる。通常、企業はヒト、モノ、カネといわれる経営資源を持っている。また、無形の財産ともいうべき、技術やノウハウ、ブランドイメージや顧客の信用といったものもある。これらの企業活動に必要なすべての資源あるいは能力の全体を指して経営資源と呼ぶ。→図表4-2-1

　固定的経営資源とは、企業がその保有量を増減させるのに時間がかかり、その調整のために必ず相当のコストがかかるものをいう。これに対して、可変的経営資源とは、企業がその時々の必要に応じて調達することが容易なものをいう。固定的経営資源には、工場、設備などいわゆる設備投資の対象となる物的資源ばかりではなく、長期的な労働集約や労働慣行のもとで働く従業員、あるいは固定的・長期的色彩の強い資金（自己資本など）、さらには技術やノウハウなどの無形の財産も含まれる。可

68

図表4-2-1●経営資源の分類

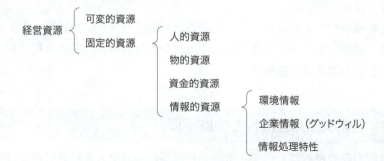

出所：石井ほか（1996）、p. 120

変的経営資源の例としては、原材料、短期契約の労働、短期手形貸付などの資金が挙げられる。

　これらの資源の中でも、特に注目されるのが情報的経営資源である。それは情報的経営資源こそが、企業の独自性や個性を特徴づけるものであり、市場での競争において差別化の要因となりうるからである。企業の特異性の高い情報的経営資源は、市場からの調達が困難でその獲得や蓄積には時間がかかる。さらに市場から調達することができないことが多く、みずからつくり出すよりほかに手に入れる方法がない。そのため、競争相手との差別化の源泉になりやすい経営資源なのである。

　情報的経営資源は、次の3つに分類される。

① 環境情報
　　市場関連情報（顧客のニーズや原材料市場での情報）や技術関連情報（たとえば、技術者の持つ技術的知識、熟練労働者の持つノウハウ、技術提携先を持つことによる技術情報の流通チャンネルなど）

② 企業情報
　　企業に関するよい情報を、企業を取り巻く環境の中の人々や組織が持っていることによって、結果としてその企業に対して差別的便宜を与えてくれるもの（たとえば、ブランドイメージ、企業の信用、広告

や宣伝のノウハウなど）

③　情報処理特性

　組織の個々人が持っている共通の情報処理パターンの特徴（たとえば、組織メンバーの思考や帰属意識、やる気の高低、組織独特のものの見方や考え方・価値観）

2　経営資源の優位性と組織学習

　現在の経営環境において、市場から容易に調達できる経営資源では他の企業との競争において優位性を形成することはできない。その点から、資金的資源や物的資源は競争優位の源泉にはなりづらい。また、人的資源に関しても、労働力の流動化が加速化する中で長期にわたって優位性を維持する資源とはなりづらくなりつつある。

　そうした環境において今後最も重要とされるのが、情報的経営資源である。情報的経営資源は次の３つの競争上の特質を備えており、それにより他社との競争において優位性の基本的な源泉になりうる。

①　市場から調達することが難しいため、自社で創り出すしかない。

②　創ることや蓄積することに時間と手間がかかる。

③　いったん蓄積されると、複数の製品や分野で同時多重利用ができる。

　市場で容易に買えたり創り出すことや蓄積が容易なものであるなら、同様に競争相手はすぐ同じ資源を保有することができ、競争上の差別化の源泉にはなり得ない。したがって、情報的経営資源に関して重要な課題となるのは、配分というよりは創造と蓄積である。

　さらに、情報的経営資源は一度蓄積あるいは獲得するとさまざまな形で多重に利用することができるという特性を持つ。顧客の信用を獲得し、ブランドイメージが構築できると、それを他の製品にも利用することが可能になる。同様に、１つの深い技術の蓄積も複数の分野に同時に利用することができる。その場合、いかにして蓄積された情報的経営資源の間の相乗効果（シナジー）を構築するかが重要な課題となる。

企業は経営資源の展開においては、適度のシナジーと知識の創造がねらえるような、目に見えない知識や技術体系の近似的な連鎖を形成しなければならない。競争優位性を築いている企業は、情報的経営資源の近似的な連鎖を形成することによってシナジーを達成し、競争力の源泉を非常に効率よく獲得しているものと考えられる。

3　コア・コンピタンスの概念

近代の経営戦略論研究の大きなトピックの1つとして、競争優位の基盤を「持続的に維持できる」ための「コア・コンピタンス（中核能力）」を獲得することの重要性に関心が集中したことが挙げられる。その契機となった研究が、ハメル＆プラハラード（1995）による「コア・コンピタンス（core competence＝企業の中核能力）」の概念である。彼らはコア・コンピタンスの3つの条件として、

①　多様な市場への参入を可能にすること
②　最終製品が消費者利益に貢献すること
③　競争相手が模倣しにくいこと

を挙げている。そして、コア・コンピタンスとは、企業の持続的な競争優位の源泉であり、他の企業によって「模倣・複製・代替されにくい」企業特有の資源や能力であると定義する。

4　コア・コンピタンスを獲得するには

以上のようなコア・コンピタンスの概念に基づいて企業経営を考えてみると、いくら優れた経営資源を持っていてもそれがただちに競争優位につながるわけではないことがわかる。経営資源はあくまでも競争優位を生み出すための素材にすぎない。この素材をうまく組み合わせ、素材をうまく利用するためのしくみがあって、初めて経営資源は競争優位をもたらすのである。

第4章 ● 経営戦略の内容

　このことは、サッカーのチームを連想すると、わかりやすいであろう。サッカーチームにとって経営資源は選手である。しかし、いくら優秀な選手が集まっていても、選手たちがうまく連携してチームプレーを行うことができなければ、選手の能力はチームの競争優位をもたらすことができない。

　同様に、経営資源を競争優位に結びつけるには、経営資源を組織化し競争優位を生み出すための事業のしくみをつくる必要がある。言い換えると、コア・コンピタンスを獲得するための「戦略設計図」を開発することが重要になるのである。戦略設計図とは、どのようなコア・コンピタンスを獲得すべきか、またいかにして獲得するかを明らかにする、いわば将来のためのロードマップであるといえる。

　戦略設計図が明確に定義されると、次は具体的にコア・コンピタンスを構築することになるが、そのためには次のことに注意しなければならない。

① 会社の成功をいま支えているスキルを幅広く、深く理解すること
② 市場を近視眼的に見ないこと、既存の市場の枠にとらわれないこと
③ 社内の共通の財産にスポットライトを当てること
④ 市場の変化、技術の変化、顧客の変化に、幅広く、深く好奇心を持つこと
⑤ 産業構造を根本的に変えてしまう可能性がある技術・顧客ニーズを限界まで探し求めること
⑥ 企業力をめぐる競争という現実に敏感になること

　多くの成長企業を見ると、そこには必ず競合他社の持ち得ないようなコア・コンピタンスを持っていることがわかる。しかし、その一方で以前にはコア・コンピタンスだと思われていた経営資源や能力が、技術革新や競争環境の変化でその優位性を失ってしまうといったケースも見られる。コア・コンピタンスは、その構築と同時にいかに維持していくかというプロセスが重要であり、そのプロセスの中で今後どのように進化させていくか、という能力開発競争の側面を持つ。

第3節 ● 競争優位性

第 **3** 節 ┃ 競争優位性

学習のポイント

◆競争戦略とは、個々の製品市場において競争相手に打ち勝つための戦略である。ターゲットとなる市場や価格、市場実態、市場への参入のしやすさによってさまざまな競争戦略がある。

1 競争戦略の基本型

　競争戦略とは、全社戦略によって規定された個々の製品市場で競争優位を確保し、競争相手に打ち勝つための戦略のことをいう。競争戦略の代表的なものとしてまず挙げられる研究に、ポーター（1995）の『競争の戦略』がある。ポーターは、戦略的ターゲットを業界全般か、特定市場セグメントか、の2つに分け、また戦略的優位性を低価格か、価格以外の製品の独自性か、の2つに分け、その組み合わせから競争戦略の3つの基本型を提示した。それが図表4-3-1に示した、「コスト・リーダーシップ」「差別化」「ニッチ（焦点集中化）」の3つの戦略である。

　それぞれの戦略の内容や特徴は、次のように説明できる。

（1）コスト・リーダーシップ

　コスト・リーダーシップとは、「競合他社より低い単位コストによって生産・販売が可能な能力を追求し、同一の品質の製品やサービスをより低い価格で販売して大きな販売量を獲得する、あるいは同じ価格で販売する場合には、より高い利益の獲得を目指す戦略」である。

　競合他社より低い単位製造コストをもたらす中心をなすものは、次に

73

図表4-3-1 ●競争の戦略

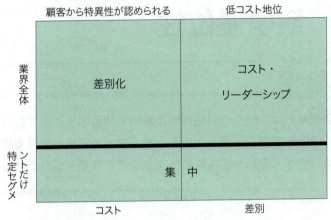

出所：ポーター（1995）、p. 61

述べる規模の経済性と経験曲線効果である。

① **規模の経済性（スケール・メリット）**

　生産量が増加するにつれて、単位当たり平均生産コストは低減する。したがって、「経済活動の規模を大きくすることによって経済性が得られる」ことを規模の経済性と呼ぶ。

　この規模の経済性は次のようにして得られる。すなわち生産コスト全体を、常に一定の固定費部分と生産量に比例して増加する変動費部分に分解した場合、生産量を増やすにつれて製品1単位当たりに配分される固定費は減少する。結果として、単位当たり平均生産コストは下がることになる。

　そのほか、取引規模が大きくなると原材料などの購入における交渉によって、大量購入による値引きが受けられることや、大規模であることから信用が得られ資金調達のコスト面でも有利になる、などの利点がある。

② **経験曲線効果**

　経験が蓄積されるにつれて、コストが低下するという経験効果は、よく知られている。しかし、この現象が測定され計量化されるようになった

のは、1960年代になってボストン・コンサルティング・グループ（BCG）が製造コストのみならず、管理、販売、マーケティング、流通なども含めたトータル・コストが一定の予測できる率で低下するという経験則を、数千の製品コスト研究から発見したときからである。コストの逓減率は、製品の累積生産量が倍加するごとに通常10％から30％下がる。BCGは、これを測定し「経験効果（経験曲線）」という形で示した。→図表4-3-2

経験効果には「生産規模の最も大きい企業は、最低コストで最大の利益を上げる」という戦略的な意味合いがあるという。経験曲線を活用することで「競争関係の安定状況を予測し、マーケット・シェアが変化したことによる価値と成長率の影響を算出することができる」と主張した。

コスト・リーダーシップの戦略においてはマーケット・シェアの増大が重要な戦略課題となり、低コストを実現することによって低価格化を実現し、さらにシェアを拡大しようとする。それにより生産量を増やし経験曲線の効果を獲得し、さらなるコスト・ダウンを図っていく。その

図表4-3-2 ●経験曲線

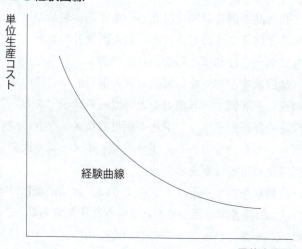

繰り返しによって、他社を圧倒するコスト優位性を獲得する。この戦略のリスクとしては、過去の投資や習熟をムダにしてしまうような技術の変化や、製品やマーケティングの変化などがある。

（2）差別化

差別化とは、「製品・サービスの差別化、価格での差別化、流通チャネルの差別化、販売やプロモーションの差別化などにより自社事業が競合他社とは違ったもの、特に何らかの面で優れていると買い手に認識させ、しかも容易に真似されたり対抗されたりしないしくみをつくり上げて、競争優位性を確立しようとする戦略」である。

製品・サービス、価格、流通チャネル、販売やプロモーションなど、差別化の実施方法にはさまざまの方向が考えられるが、多くの場合、複数の差別化方法が組み合わされて実行される。

差別化には、買い手にとってその製品・サービスが重要であると考えるようにする方法を選び出し、さらに競合他社が容易に真似できない方法を実行することが必要である。差別化が有効な戦略となる状況としては、次のようなものがある。

第1は、化粧品や消費者向け医薬品のように、製品が単なる物理的機能を提供するというよりむしろ、心理的な消費者のニーズ・ウォンツあるいは用途に応えなければならない状況である。

第2は、購買頻度が高くない製品（耐久消費財など）のように、消費者が製品の違いを評価すべき能力を欠いている状況である。この場合、消費者は自身の経験からブランド間の相対的なメリットについて正確な判断をしづらいのが通常であり、ブランド・イメージや販売方法などによる製品差別化の可能性がある。

第3は、自動車やスマートフォンのように、製品が複雑で多くの属性を持つために、消費者の評価が分かれるような状況である。この場合、消費者を類似のニーズ・ウォンツを持ついくつかのグループに分けることができ、個々のグループに対応する差別化された事業展開が可能となる。

第3節 ● 競争優位性

差別化の戦略においては、自社の製品を他企業の製品に比べてよいものであると差別的に訴えることができ、顧客もその認識のもとで購入する場合、独自市場を形成できる。利益重視の方針からこの戦略をとる場合もある。この戦略のリスクとしては、コストの差が差別化要因を無効にしたり、模倣によって差別化の程度が減少したりすることなどが考えられる。

（3）集中化

集中化とは、特定の共通したニーズを持つ消費者グループ、あるいは特定の種類の製品やサービス、または特定の地域市場など、限られた市場に企業の資源を集中する戦略である。

前述の2つの戦略が、広い市場全体での競争をするため大量の資源を前提としているのに対し、限られた資源を効果的かつ効率的に使用するために、競争の場を限定しようというのがこの戦略である。

集中化に成功すれば、絞り込まれた市場内で低コストや差別化、あるいはその両方が実現されることになる。集中の戦略が成功するには、何より適切な市場に集中できるかどうかにかかっている。集中すべき市場を評価するための視点としては、市場の顕在需要と潜在需要、競争業者の状況、市場へのアクセスの容易さなどが挙げられる。

一方、この戦略を展開する場合のリスクは、戦略的に集中したターゲット市場が変化することである。

2 競争市場戦略

このような競争戦略の基本型は、基本的な枠組みを規定するという点では優れている。ところが、企業が競争市場内で競合他社に対抗していく場合には、さらに詳細で具体的な戦略の策定と実施が必要となる。コトラー（1983）は、市場実態に則した4つの競争ポジションを設定し、その各ポジションに応じた競争戦略を類型化した。その4つのポジショ

ンとは、「リーダー」「チャレンジャー」「フォロワー」「ニッチャー」である。

各類型の特徴や内容は、次のように説明できる。

① リーダー（Leader）

通常「リーダー」は最大のマーケット・シェアを有し、高い利潤を確保するためになるべく価格競争を避ける（非価格対応）。また、下位企業の差別化製品に対して同質の製品を投入（同質化）して、規模で対抗する。リーダーは、基本的に高いマーケット・シェア、高い利潤、そして高い名声をその目標とする。

② チャレンジャー（Challenger）

リーダーに対抗してシェア拡大をねらい、特にリーダーに対して差別化を徹底的に図っていく。チャレンジャーの目標は何よりもシェアの増大にある。

③ フォロワー（Follower）

模倣によって一定の品質を確保し、コスト節約により低価格で対応する。フォロワーの目標は、自社の存続・維持のための最低限の利益、すなわち生存利潤の確保である。

④ ニッチャー（Nicher）

特定セグメントに焦点を当て、そのニーズに特化し、独自能力を生かして特定市場内でミニ・リーダーを目指していく。ニッチャーは、自社の強みが発揮できる特定市場に資源を集中することによって、高い利潤と特定市場での名声を目標としている。

3 戦略グループと移動障壁

多くの場合、新たな市場に参入しようとする企業にとって、参入を阻むような何らかの障害があることが多い。この障害物を参入障壁という。また、同じ市場の中でも、企業は完全に自由な状況で戦略を策定することはなかなかできない。この障壁を移動障壁という。このような戦略選

第3節 ● 競争優位性

択上の移動障壁の多くは、事業のしくみの差異や経営資源の蓄積の格差によるものである。すなわち、ある市場においていくつかの企業が存在する場合、そこには事業のしくみの差異や経営資源の格差によって選択できる戦略に制約が生じる。こういった戦略の違いを特徴づけることによって、企業をいくつかのグループに分類することができ、その分類された企業を**戦略グループ**という。

　実際の市場を見てみると、それぞれの戦略グループの間には移動障壁が存在し、選択できる戦略に制約があるため簡単に戦略グループ間を移動することはできない。

第4章　理解度チェック

次の設問に、〇×で解答しなさい（解答・解説は後段参照）。

1　ドメインの定義では、なるべく明確で抽象性を排した固定化された定義づけをすべきである。

2　コア・コンピタンスとは、企業の中核能力を指し、特徴としては特定の市場にのみ通用することが挙げられる。

3　コスト・リーダーシップ戦略において重要な指標となるのは、利益率である。

解答・解説

1　×
ドメインの定義に必要な要件の1つとして、ある程度の抽象性や曖昧性を持たせること、そして意味に広がりと深さを持つことであり、固定された具体的なドメイン定義は必ずしも十分ではない。

2　×
コア・コンピタンスの特徴は、多様な市場への参入を可能にする広がりのある能力だという点であり、特定の市場に強くコミットメントすることは企業のコア・コンピタンスとはいえない。

3　×
コスト・リーダーシップ戦略にとって重要なのは、低コスト化の実現であり、そのためにはマーケット・シェアを拡大し、規模の経済性を達成することである。

第 **5** 章

経営戦略と経営計画

この章のねらい

　実際の経営戦略を遂行するにあたって、その実行計画が必要となる。本章では、まずそうした実行計画であるところの戦略的計画について見ていきたい。さらに、その実行計画のもととなる、経営戦略の前段階として作成される戦略シナリオについて理解をする。戦略シナリオは、実際の経営戦略策定プロセス（第Ⅱ部）に関する前後段階の実務的運用面で重要なものであるので、確実に理解してほしい。

　また、第3節では、企業における経営資源の分類と、それらをいかに全社的な視点から事業展開していくか、ということについての手法を解説する。ここでは、特にPPM（Product Portfolio Management）について説明を行う。

第5章●経営戦略と経営計画

第 1 節　経営戦略と経営計画

学習のポイント

◆経営計画の変遷を見ると、大きな流れとして予算や財務などの管理的側面から将来的な方向性を定める戦略的・創造的なものへと発展している。

◆戦略的計画とは、策定された経営戦略をいかに確実かつ有効に遂行していくかを計画したものである。

1　経営計画の変遷

　伝統的な経営管理論においては、企業を取り巻く外部の環境は着目されず、もっぱら企業の内部に焦点が当てられてきた。伝統的な経営管理論は市場などの外部環境を安定しているものとみなし、組織の内部的な効率性を向上させるための能力を追求したのである。しかし、外部環境の変化が激しくなるにつれ、組織を構成する要素は内部のみならず外部の環境とも相互作用している、つまり企業組織自体を閉鎖的なシステムではなく、開放的なオープンなシステムとしてみなすようになり、環境が変化しても組織はその内部の構成要素を環境に適応させることによって存続していける、という環境適応という認識が生じるようになった。

　このような認識が生まれてからいまに至るまで、環境の変化に適応するための経営管理の用具としての経営計画（長期経営計画、経営戦略計画）の開発と利用が著しく発展してきた。同時に、トップマネジメントの戦略的意思決定もきわめて重視されるようになってきた。

　そこで、ここではまずこのような計画に対する考え方がどのような発

図表5-1-1 ●経営計画・戦略的意思決定の発展過程

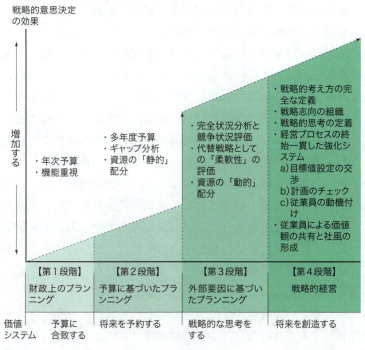

出所：ロランジ（1984）より作成。一部改変

展の過程をたどってきたかについて見ていきたい。図表5-1-1は、経営計画・戦略的意思決定の発展過程をまとめたものである。

　第1段階は、財務的性格が強い初期の経営計画であり、総資本利益率の見積もりによって収益および費用を計画化するという財務上の計画を主な内容とするものである。1950年代の管理会計の目的を見てみると、経営計画と経営統制に役立つ財務資料を提供することとなっており、経営計画のほとんどが財務資料に基づいて策定されていたことがわかる。

　特に、当時は予算管理が重要視されたが、予算とは目的とする純利益を実現するために達成しなければならない販売予算の収益目標と費用予算の費用許容限度額を示すものであった。すなわち、過去における経営

計画とは、予算による利益計画の基本的性格を示しながら、在庫水準、投資、財務、製造、購入などの諸項目に関する計画を表示するという財務的・会計的な性格の強いものであった。

第2段階は、環境予測に基づいた計画を主な内容とする現状延長的な計画である。1960年代の経済環境の特徴は一般に安定的で比較的急速な成長であったが、この現状延長計画は一般にそうした経済環境の産物であるとみなされている。当時の経営計画は、企業がいろいろな成長機会を追求するにあたっての自社の能力面での制約に焦点を当てていた。

しかし、当時の長期計画は将来を予測するという性格は持っていたものの、その期間が比較的短期のものであり、予測要因もそれほど変化することがなかったため、結局のところ現状の延長線上として計画を見積もることが多かった。結果として、経営資源の配分においても所定の期間にわたる予算編成による財務的・会計的な資金配分の性格が強かった。

第3段階は、環境の要素を考慮した予測、すなわち戦略的思考に基づいた事業計画である。この計画は、1960年代から1970年代の初期にかけて起こった激しい環境の変化によってもたらされた。企業は初めて競争環境を認識するようになり、この環境の中でどのように自社を位置づけるかの決定を迫られるようになった。そして自社の競争面での強みだけでなく、自社の製品とサービスの両方あるいはいずれかの特徴を生み出すために経営資源を集中し、もし必要ならば計画を修正することによって経営資源を配分し直すこと（資源の動態的配分）を考えるようになったのである。しかし、このタイプの計画はそれぞれの事業部門の計画に重点を置きすぎたあまり、全社的な経営計画の関係を十分に考慮しようとしなかった。

最後の第4段階は、環境要因を予測するだけでなく、積極的に環境に働きかけようとする戦略的考え方に基づいた、いわば「戦略的計画」ともいうべき経営計画である。この計画の概念は、主に国際的な不安定さがさらに一段と上昇したことに端を発している。国際的な経済の不安定さは、企業がさらされるリスクの程度を評価できるように企業全体の構図

第1節 ● 経営戦略と経営計画

の中に企業の持つさまざまな事業の位置づけを行う必要性を増大させた。すなわち、どこに資源を配分すべきか、その資源をどこから得るべきか、という点に関して、全社的な戦略資源の均衡あるいはポートフォリオによる戦略資源の全社合意的な目標値を設定することに重点が置かれる。そのためには、広範な観点から戦略資源を俯瞰することが必要となる。戦略資源には人的資源の要件と技術、マーケティングなどの専門能力も含まれており、それらの積極的な活用を図るため戦略に基づいた組織が形成されるようになる。また、環境への対応能力を常に維持するために経営活動の結果だけでなくプロセスにも着目し、計画のチェックや従業員の動機づけなども重視される。すなわち、組織の動態的要素（従業員による価値の共有と社風の形成など）に重点が置かれることによって、企業組織はいつも環境に柔軟に対応できる、と考えるようになったのである。

　以上が経営計画・戦略的意思決定の発展段階についての主な流れである。ここから、不確実性がますます高まってきた環境において経営計画がその機能を十分に発揮するためには、経営目標を達成するための経営戦略が経営計画の中に含まれていなければならないことがわかる。つまり、戦略的経営計画（以下、戦略的計画）という実質的に内容のある計画でなければ、今日の環境の不確実性に有効に適応できないのである。

　また、経営計画の発展段階を見ていくと、おのずと長期経営計画と経営戦略計画の違いも明確になってくる。つまり、初期における財務や経営予測に関する計画は、現在でいうところの長期経営計画に該当する。これは、主に企業の経営戦術を考えるものである。一方、経営的計画とは文字どおり経営戦略に関する計画であり、将来志向的であり外部環境との適応を考える点において長期経営計画と明確な違いがあるので注意が必要である。

　では、実際に戦略的計画とはどういったものなのだろうか。次に、それを詳しく見ていくことにする。

85

第5章 ● 経営戦略と経営計画

2 戦略的計画

（1）戦略的計画とは

戦略的計画とは、意思決定された経営戦略を実行するための具体的な行動パターンをつくることである。つまり、戦略そのものを策定するのではなく、ほかの方法（たとえば、後述の戦略シナリオなど）で策定された戦略を、実際に遂行するために作成されるいわば実行計画である。

戦略的計画作成の目的とは、主に以下のとおりである。

① 経営戦略の内容を企業組織構成メンバーに理解させ、同一方向へ確実にリードする。

② 経営戦略の遂行に企業の各部門がどのように関与し貢献するか、その内容を割り当てるとともに理解させる。

③ 経営戦略の遂行状況を把握し、統制する。

④ 経営戦略遂行のための必要経営課題の摘出を行う。

⑤ 経営戦略遂行のための必要経営資源の配分を行う。

⑥ 経営戦略遂行のための関係者、部門の権限と責任体制を確立する。

⑦ 経営戦略遂行可能性、実現可能性のチェックを行う。

以上からわかるように、戦略的計画とはさきの経営戦略部門の業務で見た戦略管理に深く関係している。戦略管理を実際に行う際にあらかじめ立てる計画も、戦略的計画の一部である。

（2）戦略的計画策定ステップ

しばしば長期経営計画と戦略的計画は同一視されることがあるが、それは大きな間違いである。図表5-1-2のように、戦略的策定の上流で決定された戦略的計画の具体的実行プランが長期経営計画であり、その逆では戦略的計画はその役割を十分に果たさない。どうするのか、どうやって達成するのか、をさきに決めた後に、何をするのか、目的は何か、を決めたのでは、本末転倒になってしまう。しかし、長期経営計画と戦略的計画が混同されているケースでは、実際にこういった長期計画と戦

図表5-1-2 ●長期経営計画と戦略的計画の関係

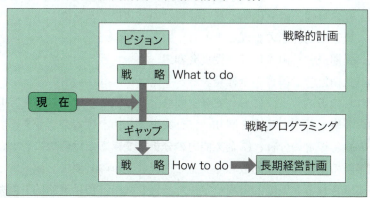

略計画との扱いの順序が逆となっていることが多い。

　戦略的計画の具体的な展開のためのステップを列挙すると、次のようになる。

① 戦略的計画の役割の明確化（スケジューリング）
② 戦略的計画策定組織の編成（Who）
③ 戦略的計画作成範囲の明確化（広がり）
④ 戦略的計画概要の明確化（フォーマット）
⑤ 戦略的計画作成メンバーの研修
⑥ 経営環境の分析
⑦ 企業能力の分析
⑧ 企業業績の予測
⑨ 経営理念の再確認（設定）
⑩ 経営ビジョンの再確認（設定）
⑪ 経営目標の再確認（設定）
⑫ 経営戦略の再確認（設定）
⑬ 業績予測と企業目標とのギャップの把握
⑭ 経営戦略課題の確認（設定）
⑮ 経営戦略課題展開計画の策定

⑯　経営戦略課題展開成果の予測

⑰　経営目標、経営戦略と経営課題との整合性チェック

⑱　経営戦略課題の整理とまとめ

⑲　長期経営計画書作成、役員会審議

⑳　長期経営計画書の全社発表

　これらの各ステップにおいて経営戦略部門は深くプロセスに関与し、社内の各事業部門と連携を図り、実行案をまとめ上げる必要がある。特に、⑥経営環境の分析、⑦企業能力の分析はできるだけ精緻に行い、⑧企業業績の予測は比較的厳しく実施し、経営改革の必要性を醸成することが要求される。戦略的計画策定後も、経営戦略部門は戦略的計画の遂行過程において、その遂行実態を把握し、計画と実績の差異把握、原因追及、対策立案とその実施を通して計画全体の管理を行う必要がある。戦略的計画とは、結局経営戦略の立案から実施、完了までの流れを全体的にプランニングした計画ということができよう。

第2節 ● 戦略シナリオと経営計画

第 2 節 | 戦略シナリオと経営計画

学習のポイント

◆戦略シナリオとは、詳細な戦略策定を行う前のラフな戦略の
スケッチである。
◆企業の未来像・方向性・行動基準を明確に示したものがビジ
ョンである。

1 戦略シナリオとは

　戦略シナリオとは、不確実な環境下において有効な戦略を策定するた
め、詳細な戦略策定を行う前にラフな戦略の内容を描くことをいう。こ
のラフな戦略シナリオに基づき短期的な戦略実績を積み重ねながら、最
終的に長期的な企業戦略を導き出す。

　戦略シナリオは、企業における経営理念、経営ビジョンなどで示され
る企業の将来像や価値基準により導出され、ドメインの設定でその概要
が示される。

2 戦略シナリオ作成ステップ

　次に戦略シナリオの作成の概要を見ていこう。作成のための主なステ
ップは、以下のとおりである。
①　経営理念の再確認あるいは設定
　・意思決定の価値前提を提供
②　ビジョンの策定

・企業の未来像

・戦略行動を律する価値基準

・ドメインに対する意思

③　ドメインの定義

・戦略領域の設定

・企業の戦略メッセージ

それぞれを以降で詳細に見ていくこととする。

（1）経営理念の再確認あるいは設定

戦略シナリオを考えていくうえで経営戦略部門に求められる最初のプロセスとは、経営理念の再確認を行うことである。一般に、多くの企業で経営理念が設定されているが、実際に経営理念として機能している企業は少ないように見受けられる。現在のように不確実性の高い環境下では、独りよがりな企業独善の理念は通用せず、社会に広く認知され、グローバルな、どこにでも通用し、また理解を得られる理念を構築することが求められる。経営理念は、創業者を含む歴代および現代のトップマネジメントの経営哲学、世界観を統合した1つの体系であり、すべての主要な経営戦略システム、組織行動の原点である。

経営理念再構築の背景にあるのは、次のような状況である。

①　企業にとって原点となる自社の目的、つまり社会における企業の存在意義を、新しい時代に向けて再び問い直す必要性が高いこと。

②　企業に課される新たな時代における社会的使命のもとでは、これにふさわしい価値観と行動様式を必要とする。

③　多様な文化、習慣、考え方を持つ多くの国へのグローバル展開において、海外の現地企業の社員に経営理念を明確に示す必要がある。

④　従来の経営パラダイムが通用しなくなっている。

⑤　自社の理念やアイデンティティを広く社会に向けて発信しなければ、社会的に認知されない。

⑥　明確な経営理念を持たない企業は、市場でまったく評価されない。

経営理念の内容として含まれるものには、トップマネジメントの世界観・使命観・人間観・社会観や、企業観・経営観、国際・技術・事業観、経営システム観、組織行動観などがある。

（2）ビジョンの策定

ビジョンとは、企業における未来像を明確にするとともに、ドメインの設定に関してガイドラインあるいは方向性を示し、さらに戦略実行時における行動基準を示すものである。

企業の未来像を過去の延長線上、あるいは連続的な変化の中で設定するのは比較的容易なことである。しかし、この変化の激しい環境の中で企業が変革を進めるためには、まず自社の経営理念を実現できるような企業の未来像、未来の企業のあるべき姿を明確に提示する必要がある。中長期の未来像、短期の未来像を明示し、現在の延長線ではない、新たな経営理念を実現する未来像をつくらなければならない。

ビジョンには次の要件が必要とされる（戦略経営協会、1991、p. 86）。

① 企業が将来を見通す力としてのビジョン。

② 企業が将来を見通したアウトプットとしてのビジョン。

③ 企業のトップの経営理念、経営哲学の未来時空間への投影像としてのビジョン。

④ ビジョンは社員の想像力と創造力をかき立てるものでなければならない。

⑤ ビジョンは全社員から理解・共感・共鳴・共有されるものでなければならない。

⑥ ビジョン構築のプロセスは、トップのワンマンや思いつきであってはならず、条件の許す範囲で全社を巻き込んだ、一定のシステムによって形成されなければならない。

⑦ ビジョン構築のカギは、言葉と言葉の意味のつながりと広がりである。

ビジョンを構成する要素としては、次の5つの要素が挙げられる（丹

図表５-２-１ ●ビジョンの要素

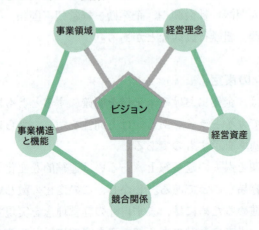

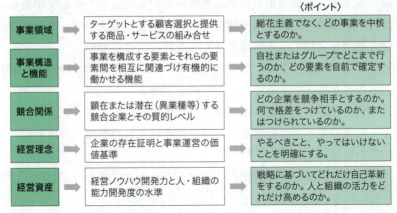

出所：丹羽（1999）、p. 87 より

羽、1999、p. 87）。→図表５-２-１

① 事業領域
② 事業構造と機能
③ 競合関係
④ 経営理念
⑤ 経営資産から見た次世代中核事業

従来、企業の経営ビジョンや経営理念の多くは抽象的で、漠然とした企業の進む方向を指し示すものとして構築されていた。これは、わかりづらく具体的施策に乏しいが、反面、長期的な方向性の示唆やビジョン自体に解釈や運用の幅を持たせることができ、その結果、長期的に維持されることによって組織の文化や風土として浸透させることができた。しかし、近年の株主中心主義や市場からの要請によって、そうしたわかりづらいビジョンや実現性に乏しいビジョンは企業内外から評価されにくくなっている。それに代わりビジョンとして求められるのは、図表5-2-1を見てもわかるように、今後実際に何をするのか、どういった事業に進んでいくのか、を明確に示し、具体的要素を盛り込んだビジョンなのである。実際、より具体的な方向性をビジョンとして提示する企業は、市場や株主からも高い評価を得ることができ、資金調達や提携などがスムーズにできるようになることから、結果的にそのビジョン、描いた方向からぶれることなく進んでいくことが可能となっている。

（3）ドメインの定義

　企業には、市場での競争や経営環境変化に伴う事業構造の変革が求められる。企業全体の戦略は大きく①事業構造戦略と、②資源配分戦略に区分される。さらに、①事業構造戦略は、企業ドメインの選択と事業ポートフォリオの選択の問題となる。→図表5-2-2

　ドメイン（domain）は第4章で見たように企業が行う事業活動の展開領域であり、多くの企業は通常、限定したドメインの定義を行っている。

図表5-2-2 ●全体戦略の構造

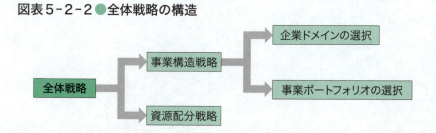

第5章 ● 経営戦略と経営計画

ドメインの定義はビジョンの形成と関係が深いが、特にビジョンを構成する諸要素の中でも実際の事業運営に特化した現実的な方向性の提示といえるであろう。

事業構造戦略の第1ステップであるドメインの定義で企業の事業戦略領域が決定されると、次に第2ステップで事業ポートフォリオを選択することとなる。**事業ポートフォリオ**とは、企業が事業活動を行う事業の全体的な構成の選択のことで、企業のドメインの中で具体的にどのような事業を、どのような比重で、どのように組み合わせて持つかについて決定することである。

事業ポートフォリオの決定は2つの内容に分かれる。1つは個別の事業の選択決定であり、2つ目は複数の事業が相互に関係してつくり出す全体像のパターン（事業間の関係）の選択決定である。個別事業の選択基準としては、次の3つが挙げられる。

① その事業分野の発展性
② その事業分野における自社の競争力の程度
③ その事業分野が企業全体にどのような波及効果を持つか

また、全体像のパターン選択の基準には、次の3つがある。

① 企業の持つ事業全体の広がりとしての多角化の度合い
② 事業間の関連密度の度合い
③ 事業間の距離の度合い

第3節 ● 動的資源配分と経営計画

第 3 節　動的資源配分と経営計画

学習のポイント

◆企業における個々の事業に対する資源配分を全社的に効率よく行うために開発されたのがPPM（Product Portfolio Management）である。それぞれの事業をキャッシュ・フローの観点から4つの象限に分類し、今後の戦略を考えたうえで資源の配分を決定する。

　経営計画を実際に遂行していくためには、経営資源が必要となる。複数の事業分野で活動を行っている企業では、経営資源をいかに配分するかについての構想が必要となってくる。経営計画を遂行するために必要な経営資源の予測と現在保有する経営資源の調査や分析を行い、そこから導き出される今後獲得すべき経営資源とは何か、それをいかに獲得するかを考慮することが、動的資源配分の目的である。

1　経営資源

（1）経営資源の分類

　第4章でも見たように、経営資源とは企業が利用することのできる資源の束であり、その中には多様なものが含まれる。経営計画を策定する際の経営資源の主な分類基準として、前述の分類のほかにも次のようなものが挙げられる。

①　イメージによる分類

　ヒト（労働力）、モノ（設備、機械、土地等）、カネ（資金）、情報（知

95

識・ノウハウ）等がある。

② 汎用性の程度による分類

　経営資源の中で最も汎用性の高いものは資金（現金、預金、換金性のある有価証券）である。次いで、資金より汎用性は低いがかなりの汎用性を持つものとして、土地や設備などの物的資源がある。機械や設備でも、企業の中で内製されたものは企業特異性が高く、汎用性は低い。物的資源と同じような汎用性と企業特異性を同時に持つものとしては、労働力としての人的資源がある。

　人的資源や物的資源よりさらに企業特異性が高いのは、企業の内外に蓄積された知識やノウハウといった情報的経営資源である。

③ 変化度の程度による分類

　経営資源の増減に要する時間、コストの程度による分類である。比較的可変的な資源の例として、短期契約の労働者、原材料や簡単な機械、外部導入資金等が挙げられる。変化度の低い固定的資源としては、熟練労働者、大規模土地設備、長期固定的自己資本等がある。その中でもさらに変化度の低いものとしては、顧客の信用、ブランドの知名度、技術

図表5-3-1●経営資源の汎用性および変化度による分類

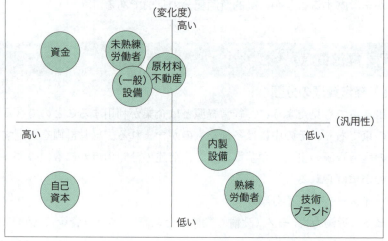

第3節 ● 動的資源配分と経営計画

力、生産ノウハウ、組織文化、従業員のモラールの高さ等がある。

　以上のような経営資源の汎用性および変化度による分類例を示したものが図表5-3-1である。

2 事業構造と資源配分

　経営環境の変化に伴い企業の事業構造も変化する。この事業構造の変化に対応するためには、必要な経営資源の適正な配分が行われなければならない。この事業構造間の資源配分は、企業にとっては全社的な配分の問題である。資源配分の原則は「資源の必要度と投入による貢献度に応じて行う」となるが、これを実施するには次の3つの問題点が出てくる。

① 個々の事業別資源必要度や貢献度を正確に把握するのが難しい。

② 必要度・貢献度の事業間の相対比較が困難。

③ 企業全体としての資源の必要度と貢献度の全体像を統一的視点に基づき設定することの困難さ。

　この3つの問題を解決して、全社的な資源配分を効率的に行うために開発されたのがPPM（Product Portfolio Management）という手法である。PPMの基本的枠組みは次の2つの部分より成り立っている。

① 各事業の資源の必要度・貢献度・発展性についての全社的な全体像を描く部分。

② 全社的全体像の中で望ましい資源配分のあり方を提示する部分。

　第1の全体像の描写の仕方は、基本的には各事業をその事業の企業にとっての魅力度とその事業での強み（競争力）という2つの次元でとらえて、2つの軸からなる平面のどこに各事業が位置するかをプロットする。事業の魅力度はその事業の将来の成長性で測られることが多く、また競争力は現在のマーケットシェアで測るのが最も単純で一般的なケースである。

　第2の資源配分の指針として、PPMでは、キャッシュ・フローの観点から各事業の競争戦略の基本的方向を明らかにし、かつキャッシュ・フローのバランスが時間的にとりやすいような資金配分の方針を明らかにする。

97

PPMでは、各事業の性格によってキャッシュ・フローのパターンが異なる点に注目している。たとえば、投資があまり必要でなく、しかし一定の利益が期待できる事業は、キャッシュ・フローを生み出す事業である。しかし、将来のためにいま先行投資をする必要がある事業は、逆にキャッシュ・フローを消費する性格を持っている。ここでいうキャッシュ・フローとは、会計的な利益に減価償却などの非現金支出でありながら費用計上されているものを足し、さらに会計上の費用にはただちに計上されない現金支出（設備資金や、在庫投資、売上投資）を差し引いたものである。

1つの事業からのキャッシュ・フローは、時系列的にさまざまなパターンをとりながら、企業全体の金融資源に対して資金の需要者側に回ることも、供給者側に回ることもある。キャッシュ・フローの変化のパターンを決める要因としては、次の4つが挙げられる。

① 事業の**ライフサイクル**（立ち上げから衰退までの一連のサイクル）の段階
② 成長のスピードと市場環境
③ 競争上の優位性
④ 企業の競争戦略

以上のPPMをわかりやすく図示したものが図表5-3-2である。

各セルには、それぞれ図にあるとおりの名前が付けられている。それぞれのセルの特徴は次のとおりである（石井ほか、1996、p. 104）。

① 高成長率・高シェアの「**花形**」は、シェアが高いため利益率が高く資金流入も多くもたらすが、成長のための先行投資も必要とするので、短期的には、必ずしも資金創出源とはならない。長期的な成長率の鈍化につれて、「花形」は「金のなる木」となり、次の「花形」を育成する資金源となる可能性を秘めている。
② 低成長率・高シェアの「**金のなる木**」は、シェア維持に必要な再投資を上回る多くの資金流入をもたらし、資金を支出する他の事業の重要な資金源となる。各事業の相対的シェアの高低の分岐点は通

図表5-3-2 ● PPM

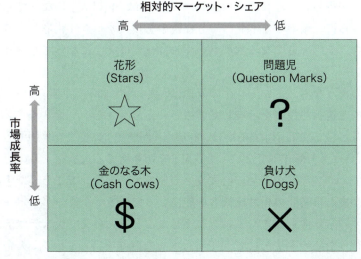

出所：石井ほか（1996）、p. 103

常1.0である。これは業界の最大の競合者と自社のシェアが同一であることを示す。「金のなる木」となるためには相対的マーケットシェアが1.5以上にならなければならないといわれている。この1.5以上とは、最大の競合者のシェアの1.5倍以上となる状況を想定している。

③　高成長率・低シェアの「問題児」は資金流入より多くの投資を必要とする部門で、企業はこれを積極的投資によって「花形」に育成するか、それとも放置して「負け犬」のままでポートフォリオから削除するかのどちらかの戦略をとる。それは企業がどれだけ投資をすればシェアが拡大でき、競争優位を改善できるかによっている。

④　低成長率・低シェアの「負け犬」は、収益性は低水準に置かれるが、市場成長率は低いため資金流出は少ない。したがって、好況時にトップ企業が高価格政策をとるような場合には資金源となり得ても、不況期には資金源となり得ない。

PPMから見た企業戦略の策定とは、「金のなる木」から十分な資金を

得て、「問題児」を「花形」に育てることである。このような十分な資金の流れが得られなければ、「花形」もいずれは「負け犬」になってしまうし、さらに「金のなる木」の十分な資金を投入すべき「花形」を持たない場合、その「金のなる木」もいずれは「負け犬」になってしまうであろう。→図表5-3-3

　このようなポートフォリオの概念は、要約すれば資金（限られた資金）の集中と選択的投資を示唆しているといえる。つまり、「金のなる木」を資金源として、「花形」あるいは、有望な「問題児」に資金を集中する一方で、「負け犬」や有望でない「問題児」を切り捨てる選択をするのである。

　PPMは、各事業の資源の必要度と貢献をカネの次元でまとめた手法であり、また事業間の相対比較も可能になっている。企業の事業ポートフォリオの全体像も描きやすい。こうしたことを大企業でシステマティックに行うための手法として、PPMは大きな意味を持っている。大企業などでは、「負け犬」に当たる分野の事業を驚くほど多く抱えているケースもある。ここで見てきたような経営資源の配分に関する基本的な考え方を、実際に企業に当てはめ、戦略や経営計画として実行するにはそれなりの体系化された手法が必要となる。それを目指しているのがPPMのシステムなのである。

図表5-3-3 ● PPMの循環

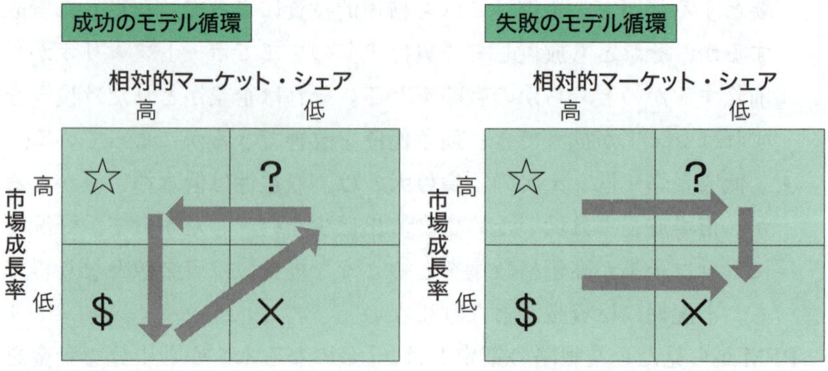

成功のモデル循環

相対的マーケット・シェア
高　　　低

市場成長率　高・低

☆　　？
$　　×

失敗のモデル循環

相対的マーケット・シェア
高　　　低

市場成長率　高・低

☆　　？
$　　×

出所：石井ほか（1996）、p. 106

第5章　理解度チェック

次の設問に、○×で解答しなさい（解答・解説は後段参照）。

1　戦略的計画は、経営戦略の立案から実施、完了までの流れを全体的にプランニングしたものであり、その遂行に関して経営戦略部門は深くかかわりを持つ。

2　経営ビジョンは、抽象的な理念や将来像だけでなく、明確な事業展開や方向性をより具体的に提示する必要がある。

3　企業の事業展開を考えるうえで役立つPPMは、縦軸に市場成長率、横軸に事業規模を考えた2×2の4つの象限から構成される。

解答・解説

1　○
経営戦略部門は戦略計画策定の後も、その実施に際して計画と実績の差や計画が滞った場合の対策など、計画の管理に関して責任を負う。

2　○
近年では、企業内の組織構成員だけでなく、市場や株主といった企業内外の利害関係者に明確なビジョンを示す必要がある。それは、必要な経営資源を企業外部に求める場合（資金調達や企業提携など）には特に重要となってくる。

3　×
PPMは縦軸に市場成長率、横軸に相対的マーケットシェアを位置づけた分類方法である。特に、マーケットシェアは市場における自社の位置づけを明確にする意味で重要である。

第 **6** 章

経営計画

この章のねらい

　経営計画とは、経営戦略をいつ、誰が、どのようにして実行するかを明確にしたものである。この経営計画を策定するには、計画に先駆けて経営目標が必要となる。さらに、設定された目標と実際の経営との間には多くの場合隔たりが生じる。それを埋めるために考える戦略的な方策が経営方針である。これらの経営目標、経営方針、経営計画を段階的に緻密に策定し、遂行していくことが経営戦略の実行プロセスとしてきわめて重要である。本章では、こうした経営戦略の実行プロセスを理解し、実際の経営戦略部門それぞれの過程においてどのような役割を果たすのかを考えていきたい。実際の経営計画は、当然ながら企業によってそれぞれ違いがある。また、業界や業種によっても違いが見られる。本章では基本的な経営計画のモデルを提示しているが、実際にはそうした違いがあることを意識して理解を進めてほしい。

第6章●経営計画

第1節 経営目標

学習のポイント

◆経営目標を構成するのは、経営理念と企業ビジョンならびに
中長期経営数値目標である。
◆目標水準の設定には、適切な設定水準と、全社と事業間のバ
ランスが重要である。

1 経営目標の体系と必要性

　経営目標は経営理念を土台として設定され、企業のあるべき姿を表す
企業ビジョンと中長期の経営数値目標から構成される。そして、これら
を達成するための方策を実際に中長期経営計画として落とし込んだ後に、
全社員に発表される。

　企業とは、永続的に経営活動を行うことを前提とした法人であるから、
衰退していくことを前提とすることはない。しかし、永続的な存続・成
長のためにはある一定の目標やインセンティブが必要である。これはわ
れわれ人間の場合でも同じである。あることを達成したいという目標や
願望、夢を持たずに何かが達成されることは、ごくまれである。

　したがって、企業経営においても、経営目標を持ち、それを明確にし
て全従業員と共有化していくことによって、企業の成長を達成すること
ができるのである。

第1節 ● 経営目標

2 経営目標の内容

経営目標は大きく、経営理念、企業ビジョン、中長期経営数値目標の
3つの項目に分けられる。

① 経営理念は、企業使命感、自社の存在意義、何ゆえその事業を営
  むのかという経営に対する確固たる信念であり、これが経営目標の
  ベースとなる。

② 企業ビジョンとは、経営活動で実現したいと考える企業のあるべ
  き姿を定性的目標により明確にしたものである。ここでいう定性的
  目標とは、企業イメージ像（イメージ目標）であり、経営者、従業
  員が「こういう会社だったら素晴らしい」と思えるような理想像で
  ある。企業イメージ像は企業のドメイン・事業領域に密接に関係し
  ている。すなわち、何を、誰に、どのように提供するか、そのため
  には経営者、従業員はどのような行動をとるべきか、を考えていく
  と企業イメージ像が浮かび上がってくるのである。

③ 定量的目標として企業ビジョンを表したのが中長期経営数値目標
  である。これは、企業ビジョンをより具体化する目標といえる。し
  たがって、売上高規模（金額）、利益水準（金額）、人員規模（人数）、
  製品別売上高、地域別シェア等の数値として算出でき、さらにわか
  りやすい基本的な項目に絞り込むほうがよい。

なお、経営理念ならびに企業ビジョンについての設定や役割について
のさらに詳しい説明は第8章において行う。

3 経営数値目標

経営目標の中でも、経営数値目標は特に重要である。目標には定性的
なものと定量的なものがありうるが、定性的目標はどのように表現を工
夫しても達成目標としての実現レベルが曖昧になる部分が生じるのは否
めない。それに対して、定量的目標は明確な達成基準を示すことが可能

第6章●経営計画

である。定量的な経営数値目標を設定することによって目標がより鮮明なものとなるのである。

　経営数値目標の設定は、まず数値目標項目の選定を行い、それに続いて数値目標を検討・決定する。

（1）数値目標項目の選定

　目標値そのものを検討する前に必要となるのが、数値目標項目の選定である。数値目標項目は、業種や企業特性などによって異なるが、一般的には図表6-1-1に示す項目をベースに検討し、数値目標の項目を選定することになる。数値目標の項目として選択するものは、企業のビジョンや経営理念、経営目標を反映するものでなければならない。品質や

図表6-1-1●数値目標の一般項目

基本目標	利益目標（額・率） 売上目標（額・率）
売 上 高	製品別売上目標（額・率） 地域別売上目標（額・率） 市場シェア目標
生 産 高	製品別生産目標（額・率） 工場別生産目標（額・率） 外注目標（額・率）
人 　 員	人員構成目標 職種別人員構成
人 件 費	人件費水準目標 労働分配率目標
設備投資	増産投資目標 合理化投資目標 その他投資目標
財 　 務	株主資本利益率目標 総資本目標 株主資本比率目標 増資目標 借入金目標 資本運用利益目標（額・率） 経費削減目標（額・率）

106

第1節●経営目標

サービスの充実を目指しながら、一方で、数値目標では極端なコストダウンや人件費の削減などを掲げれば、目標間の矛盾から企業内での混乱の原因ともなる。

（2）数値目標の検討・決定

数値目標の選定を終えたら、次に目標値の検討・決定に入ることになる。目標値の検討にあたって特に留意すべきポイントとしては、経営目標の定量的達成と外部環境から見た妥当性である。

① 経営目標の定量的達成

高い企業イメージ、事業構成の大幅な拡大、機能充実した研究開発体制、高水準の社員処遇の実現、地域社会への積極的貢献などの高い目標が経営目標に設定されていれば、それに対応するための数値目標は相当高いものにならなければおかしい。逆に、目指す経営目標の定性的レベルが低ければ、数値目標もおのずと低いものとなる。このように、数値目標の設定のためにまず考慮すべき点は、経営目標の定性的な部分の達成を可能にする数値目標はどの程度か、という定性と定量のバランスをとることである。

② 外部環境から見た妥当性

数値目標の設定ポイントとして、定性的目標との整合性について述べてきたが、現実に数値目標を設定する作業において定性的目標を的確に定量目標化し、数値として目標に正確に反映することはかなりの困難を伴う。

現実には、数値目標の設定水準をどの程度にすべきか、という方向づけをするにとどまる場合がほとんどである。したがって、定性的目標を実現するために必要な数値目標の水準を考慮しながら、目標項目ごとの目標値の検討・決定を行うことになる。そこで必要になるのが、設定する目標値の妥当性を検討する基準である。つまり、目標値の意味づけをしっかり説明できる根拠が必要だということである。たとえば、ある目標値を設定したとして、その目標値が単に現在の実績の何パーセントか

を伸ばしたものの場合と、経済成長率あるいは業界成長性や競合他社動向を意識し、それとの関連で目標値を設定する場合とでは、設定した目標値の意味づけは大きく違ったものとなる。

このように、目標値設定の根拠となる基準を置き、それとの関係で設定した目標の妥当性、意味づけを行うようにすることが必要である。基準指標を何にするかは企業特性や企業の置かれている状況によって異なるが、1つの基準としては世界あるいは日本を代表する優良企業や業界の高成長企業などを基準とした目標設定が考えられる。これをベンチマーキングと呼ぶ。さらに、ベンチマーキングを行うことで比較対象企業と自社との経営資源や意思決定の差が浮き彫りになり、自社に不足している経営資源や経営能力、技術や事業機能などが明確化される。

さらに、近年数値目標の目標値を検討するうえで注目されているのが、企業価値を基準とした目標設定である。企業価値とは、文字どおり経済主体としての企業の社会的価値を表したものである。企業が経済的に創出する価値が大きければ大きいほど、企業自体の価値も高いと考えられる。しかし、企業価値の実際的な定義についてはいくつかの意見に分かれる。と同時に、企業価値を的確に測定することはきわめて難しい問題でもある。現在では、大きく以下の3つの定義とそれに伴う測定方法に分けられる。

① 企業価値を、株価や株式時価総額ととらえる考え方。この場合の企業価値の測定には、市場を通した自社の株価の時価総額を用いる（マーケット・アプローチ）。

② 企業価値を、ある時点での企業の財政状態を表す貸借対照表に関連して導き出した価値とする考え方。測定に際しては、貸借対照表における資産および負債の価値を個別評価する方法（コスト・アプローチ）がとられることが多い。

③ 企業のビジネスにおけるリスクやリターンを評価して、どれだけ将来キャッシュ・フローを生み出せるかをもって企業価値とする考え方。この場合には、将来の経済的リターンを現在価値に引き直し

第1節 ● 経営目標

て評価する方法（DCF法、収益還元法など）によって企業価値の測定が行われる（**インカム・アプローチ**）。

4 実現可能な目標水準の設定

経営目標の項目は前述のとおりだが、経営目標の水準設定では次の4つの点に注意すべきである。

① 経営目標は挑戦に値するものでなくてはならない。

簡単に達成できてしまう目標は、目標としての意味がない。現代社会の企業の持つ能力よりも少し高いところに目標を置くことで、企業やそこで働く従業員が成長するのである。こうした少し高めの目標を立てて、企業や社員の成長を目指す経営を指してストレッチ経営と呼ぶこともある。

② 経営目標は合理的な根拠を持つものでなくてはならない。

しかし、目標は高ければ高いほどよいかというと、そうではない。目標を遂行しようとする意欲が保てる水準でなければ、逆に最初からあきらめてしまい、達成しようとする意識を失ってしまうことになりかねない。また、このような高い目標水準を従業員に押しつけることは、組織のモラールにも悪影響を与える。したがって、無謀な目標ではなく、このようにすれば達成可能であるという、合理的・論理的な根拠のあるものでなければならない。

③ 経営目標はそれを達成すると企業や組織がどのように変わるかを具体的にイメージできるものがよい。

目標を達成することで実際に何が起こるのか、どんなよいことが待っているのか、を具体的にイメージできることは、達成意欲に強く影響する。現実的な効果がイメージできているほど、目標達成の可能性も高くなり達成のスピードも速くなる。

④ 経営目標相互間に矛盾がないこと。

目標全体に首尾一貫性がないと従業員はどちらの目標を優先すれば

第6章●経営計画

いいのかわからなくなり、混乱してしまう。たとえば、新商品開発に重点を置くという目標を掲げたにもかかわらず、事業構成のうえではナショナルブランド商品の取り扱いを増やす目標を立てているような場合や、新商品開発のために必要な設備投資を見込んでいなかったりする場合である。

5 経営基本目標のバランス

さらに、経営目標全体のバランスを考えてみる必要がある。全体として首尾一貫しているか、定性的目標を定量的に表した場合にバランスがとれているか、といった点に留意すべきである。たとえば、売上高を2倍に増やすという目標を掲げたにもかかわらず、いまの人員はそのままであったり、従業員の給与水準は以前と変化がなかったり、事業構造をまったく変化させないで達成しようとしたりといった目標間の矛盾があると、目標全体が意味をなさなくなる。目標は全体を通して合理的なものでなくてはならない。

そのためにも、全社的な経営目標を受けて、事業部門ごとにそれを落とし込んだ部門別の経営目標を設定する必要がある。部門別目標は全社的目標よりも具体的に自分の部門で働く従業員がどうあるべきかについて明確にすることが必要である。

部門別目標にも定性的目標と定量的目標がある。理論的には、数値目標は全部門の数値目標を集計すると全社の数値目標に一致するはずである。しかし、実際の実務においては、トップダウンで降ろされる全社的数値目標のほうが、各部門からボトムアップで積み上げられる部門別数値目標よりも高くなる。これは、トップダウンでは各部門への期待を込めた数値になるのに、各部門では実現可能性を考えて控えめな数値目標を立てるためである。そのため、最終的には部門間で全社的数値目標になるべく歩み寄っていくよう調整を図る折衷方式になる。そうした調整においても、経営戦略部門は重要な役割を果たす。

110

第2節●経営方針

第 2 節 ｜ 経営方針

学習のポイント

◆経営方針とは、経営目標と実際の経営とのギャップを埋める
ために策定される戦略的方策である。
◆経営方針には、大きく中長期経営方針、事業構造別方針、組
織文化方針、経営機能別方針の４つの項目がある。

1 経営方針とは

　実際の経営においては、経営目標が設定されたのはよいが、比較して
みるとそこには大きなギャップがあることが多い。そこで、そのギャッ
プを埋めるために何をすればよいか、という戦略的な方策を考える必要
が生じる。そこで策定される戦略的な方策が、経営方針である。

2 経営方針の内容と体系

　経営基本目標を設定し、現状と比較してみることで生じたギャップを
埋めるために決定されるものが、経営方針である。経営方針の項目とし
ては、中長期経営方針、事業構造別方針、組織文化方針、経営機能別方
針の４つが考えられる。→図表６-２-１

① 中長期経営方針とは、企業イメージ像と現状の姿のギャップを埋
　めるためにはどうしたらいいかを、中長期的な視点から定めたもの
　である。

② 事業構造別方針とは、企業の事業構造を事業構成、製品・市場の

111

図表6-2-1 ●経営方針の体系

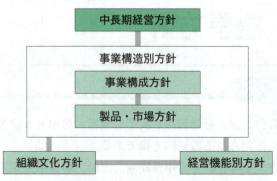

　　面から決定することである。つまり、既存の事業の方向性と新規事業への取り組みを明確にし、それぞれの事業の重みづけをすることである。また、各事業の製品構成と市場構成を決定することも事業構造別方針には含まれる。そこでは、製品・市場ごとの売上高目標・利益目標を明確に設定する。
③　**組織文化方針**とは、経営ビジョンを達成するために従業員の意識改革を目指したり、教育育成のスケジュールを立てたり、組織として着実に実施すべき組織的課題の内容を明確に定めたものである。
④　**経営機能別方針**は、事業構造方針で決定された事業構造を実現するために必要な経営機能のあり方と経営機能の現状とを比較し、そのギャップを埋めるために何をなすべきかを明確にしたものである。

第3節 ● 経営計画

第 3 節 経営計画

学習のポイント

◆経営計画は経営戦略の実行についての対象や時期、方策について明確にしたものであり、目標の実現や従業員の意識の統一を可能にする意味でも重要である。
◆経営計画にはいくつかの種類があるが、期間計画や機能別計画、投資計画、損益計画などがその代表として挙げられる。

1 経営計画の概念

　ここで、改めて経営計画の概念を整理しよう。経営戦略を、いつ、誰が、どのようにして、実行するかを明確にしたものが経営計画である。

　では、経営計画はなぜ必要なのだろうか。多くの企業が、経営目標を設定はしたものの、環境の変化が激しい日々の活動の中で経営目標を見失ってしまうことはよくある。しかし、企業の成長のためには、経営目標から外れずに行動をしていく必要がある。そこで必要となるのが経営計画である。経営計画は経営目標を達成するため、適宜に軌道修正を図る企業の羅針盤としての役割を果たすのである。

　また、目標の実現のためにも経営計画は必要である。目標を設定しても、誰がそれをいつまでに実行するのかが決まらなければ、いつまでたっても目標は達成されない。ムダのない経営活動のためには、計画的な行動をすることが必要である。行き当たりばったりの行動では、いつ目標が達成されるのかイメージできないが、計画を立て、修正を加えながら確実に実行に移していけば、効率的に目標を達成することができるの

113

第6章●経営計画

である。

さらに、全従業員の意識の統一を図るためにも経営計画は必要となる。経営計画を立てることにより、経営目標を達成するためには各人がどのような行動をいつまでに行えば達成できるか、といったスケジュールを共有することができるからである。

2 経営計画の策定

経営計画の策定・設計については、以下に挙げる5つの点について考慮する必要がある。

（1）誰が計画をつくるのか

経営計画をつくり出す主体には、2つある。1つは、ラインが計画をつくり、それを積み上げることによって全体の計画をつくるというボトムアップ方式であり、この場合、経営戦略部門は主に調整の役割を担う。もう1つは、経営戦略部門が中心となって全体計画をつくり、それを具体化するトップダウン方式である。これらは、どちらにもメリットとデメリットがあり、一概にどちらがよいとはいえないが、現状ではボトムアップ方式で上がってきた計画を、経営戦略部門が中心となってトップで再調整し、再びトップダウンで下に流すという折衷方式の形式をとる企業が多い。

（2）計画の具体性

経営計画の対象とする期間や計画対象となる事業部門の置かれる環境によっては、経営計画は抽象的なものにならざるを得ない場合がある。しかし、経営計画はなるべく具体的なほうが好ましい。それは、抽象レベルでの計画は、多くの場合、細かい点で整合性がとれていないまま策定されてしまうことがあるからである。

114

第3節 ● 経営計画

（3）計画の修正サイクル

　経営計画の期間とは別に、どの程度の頻度で経営計画を見直すかも経営計画の策定段階で検討しておく必要がある。たとえば、計画を毎年見直す**ローリング方式**をとる場合、見直しのたびに計画の再確認と情報共有が進み、計画自体の妥当性も高まるが、一方で見直しを見越した計画策定がなされてしまう可能性もあり、どの方法を選択するかは経営計画の遂行に大きく影響する。

（4）業績評価との連結

　経営計画を飾りではない意味のあるものにするためには、計画の内容が事後的な業績評価と連動していることが重要である。しかし、計画と業績評価の連動は、実際かなり難しい問題でもある。1つには、環境の変化によって計画そのものを見直す場合、それをどう業績の評価と結びつけるか、という点がある。もう1つには、計画の策定段階で業績評価を意識して、低い目標設定をしてしまうことがある。しかし、いずれにせよ、経営計画はどこかで業績評価という実利と結びつけなければ、その実行性は低いといえよう。

（5）計画のフォームや会議の形式

　計画のフォーム（文書）や計画策定の会議形式といったものは、一見軽んじて考えられるが、実際の策定現場においては非常に重要な意味を持つ。それは、経営計画は結局インプットとして会議に出席する人の意見や考えという情報からつくられ、ある一定のフォームとしてアウトプットされるからである。こうした計画策定の入出力の部分をうまくコントロールするために、経営戦略部門は非常に重要な役目を果たしている。

3　経営計画の種類

　経営計画は期間によって、長期経営計画、中期経営計画、短期経営計

画に分けられる。長期計画はだいたい5年以上の期間に対応する計画で、中期計画は3年から5年の期間に対応する計画であり、短期計画は直近の1年間に対応する年次計画である。

また、経営計画は対象領域によって総合計画と部門計画に分けられる。経営計画の対象となる領域の広さが全社総合であれば総合計画といい、領域が一部分であれば部門計画という。

さらに、その目的によって構造計画と管理計画という分け方や、総合計画と利益計画という分け方がある。たとえば、構造計画は経営構造そのものを変革する計画であるが、管理計画は経営構造を所与として、どのように組織を効率的に管理していくかに重点が置かれる。また、総合計画は長期安定を目指した計画であるのに対して、利益計画は期間利益の極大化を目的としている。さらに、前節で見たような環境変化に対応し将来の打つべき手を考える戦略計画と、経営資源は所与として達成率を重視した実行計画という分け方もある。

4 期間計画

(1) 長期計画

長期計画はおおむね5年以上の期間に対応する計画であり、構造計画・総合計画・戦略計画としての意味を持つ。すなわち、長期的な視点から経営の構造や革新を計画するものである。長期安定を目指し、会社の体質をどのようにするか、組織風土をどうするか、事業使命をどう考えるか、環境変化にいかに対応し、将来の行動のための布石をいつ打つかを計画したものである。したがって、長期計画では「ヒト」「モノ」「カネ」「情報」といった経営資源の変化も視野に入れた計画を策定する。

長期計画の中身は、経営理念、企業ビジョン（事業領域、事業構造ビジョン、経営機能ビジョン、組織文化ビジョン）および長期経営数値目標である。

長期経営数値目標の例としては、

第3節 ● 経営計画

- ・売上成長率
- ・利益成長率
- ・1人当たり売上高
- ・1人当たり利益
- ・シェア
- ・給与水準
- ・間接部門比率
- ・自己資本利益率
- ・売上高利益率
- ・総資本回転率
- ・自己資本比率
- ・配当
- ・1株当たり利益
- ・ROE（Return on Equity ＝ 株主資本利益率）
- ・ROA（Return on Assets ＝ 総資産利益率）
- ・EVA（Economic Value Added ＝ 経済的付加価値）

などが基本的な指標として挙げられる。

　長期計画は、環境変化に対して経営構造を変革していくにはどうすればよいかを示したものである。長期計画を考えないと目先だけの経営に終始することになってしまい、環境変化を的確につかむことができないばかりか環境変化に振り回されてしまい、結果的に経営活動そのものが右往左往してしまう。

（2）中期計画

　中期計画とは3年から5年間の期間に対応した経営計画であり、長期計画を作成していない企業においては、中期計画が長期計画の役割を果たす。長期計画を策定している企業では、中期計画は長期計画と短期計画の橋渡しをする役割を持つ。立てられた長期計画は、中期計画に落とし込むことによって具体的達成手段が明らかになる。

117

（3）年次計画

　年次計画とは短期計画のことを指し、短期の経営目標を達成するための方策を、手順や日程を中心に詳細にまとめた業務計画と数値計画である予算として策定したものである。

　年次計画の役割は、短期経営目標の達成を目指し1年間の企業活動を計画し、その成果を効果的に計画することにある。そのため、既存の経営構造を前提に業績目標の達成をねらいとする業務的な計画の性格が強くなる。通常の場合、1年間の企業活動を計画・実施・統制する基本的管理制度として、何らかの形でほとんどの企業が年次計画を採用している。

　一方、年次計画は長期計画の達成を目指して、長期計画から中期計画へ、中期計画から年次計画へと落とし込まれて遂行される。また、市場や技術の変化が激しい環境においては当初に作成された長期計画の実現が難しいため、むしろ年次計画を遂行しながら長期計画を修正するといった進め方も必要となってくる。このことからもわかるように、長期計画、中期計画、年次計画はそれぞれが単独で策定されるのではなく、それぞれが連動して企業の長期的な目標を達成するために策定することが重要である。

5　機能別計画

（1）マーケティング計画（販売計画）

　販売計画の重点は、利益を獲得するためには、誰に、何を、どれだけ、どのような方法で販売していかなければならないかを明確にすることにある。したがって、売上高よりも利益に中心を置いた計画でなければならない。販売利益を確保するためには、以下の個別計画を打ち出すことが必要である。

① 商品市場計画

　どの市場にどのような商品を販売するかを用途別・顧客別・商品別に定めたもの。

② 販売チャネル計画

どのような方法で販売するかを市場別・地域別・得意先別・商品別に定めたもの。

③ 価格計画

商品の価格をどのように設定するかを原価や市場価格と比較して定めたもの。

④ 販売促進計画

リベート、広告宣伝、催事をどのように行うか、他社との差別化を価格で行うか品質で行うかを定めたもの。

⑤ 与信回収計画

取引限度額の設定、信用取引条件の設定、得意先の信用状態を定めたもの。

（2）生産計画

生産計画は、基本的に生産高、品質、原価、納期を目標とする。具体的には以下のような個別計画を立てる必要がある。

① 生産能力計画

自社の製造工程のうち、どの工程に人的・設備的な負荷がかかるかを把握し、それにどのように対応していくか、外注化するか、自社生産能力に依存するか、生産量の調整をするか等を定めたもの。

② 品質計画

製造工程で発生している不良内容、得意先からのクレームを分析し、課題を解決するための対策を立てたもの。

③ 歩留計画

主として材料コスト削減のため、歩留まりロスをいかにして低減するかを定めたもの。まず材料投入量と完成品材料を比較し、全体でどのくらいの歩留まりロスが発生しているかを把握する必要がある。その原因を追及し、材料の切断方法の改善や投入方法の改善、製造方法の改善などを定める。

④ 生産性計画

納期対策のために設備稼働率〔設備稼働率＝稼働時間／操業時間〕の向上、労働時間効率〔労働時間効率＝実働時間／標準時間〕の向上をいかにして図るかを定めたもの。

（3）研究開発計画

新製品開発計画は、まずシーズ探索・経済性・定性評価・予算検討というステップを踏んでテーマ選定を行う。そして、年度計画策定時にテーマ別に研究開発計画を作成する。その場において、実際の開発組織をどうするか、どんなスケジュールで、どのくらいの資源を投入して開発を行うかを決定する。

（4）仕入・購買計画

仕入・購買計画は、販売計画、生産計画に密接に連動しているため、商品や材料の納入リードタイムを考慮して購入（発注）時期、品質、購入数量、購入先、購入予算（購入価格）を決定する。また、適正在庫の範囲内で棚卸資産を抑えるように棚卸資産回転期間等の目標を設定する。

（5）財務計画

財務計画は、買掛債務の支払計画、借入金の返済計画、資金調達計画、売掛債権の回収計画、経費予算により策定される資金繰り計画と、余剰資金の運用計画（資本参加、子会社支援、設備投資）からなる。そして、自社の財務内容についてバランスのとれた流動比率や当座比率の目標を策定する。そのため、財務計画の策定は、販売計画、仕入計画、経費予算が策定された後になされることになる。

（6）人事計画

人事計画は、人件費総額計画（要員計画と賃金水準計画）を明確に策定することが第1である。そのためには、目標売上高および目標利益を

第3節 ● 経営計画

確保する場合に、会社全体で支払うことが可能な人件費許容額を把捉する。そして、その人件費許容額の範囲内で、現在の賃金水準またはベースアップ後の賃金水準の場合、人員は何人必要になるかを試算する。あるいは、現在の人員の場合、賃金水準はどのくらいになるかを試算する。そして、将来の従業員の年齢構成も考えて採用計画を立て、各部門の必要人員を決定していく。

（7）組織計画

組織計画とは、経営戦略を効率的に達成するために、最も有効な組織を編成することを目的とする。そのため、事業構造戦略に合わせた組織を構築する。組織計画は市場を重視して市場別・得意先別に部門を編成する場合や、機能別編成、製品事業別編成等がある。

6 投資計画

（1）投資計画の分類

投資計画には既存事業ならびに新規事業に対する設備投資計画がある。投資をする場合には投資の目的を明らかにし、その目的を達成するためのいくつかの代替案を設定する必要がある。それぞれの代替案の投資効率を検討して、最も効率的な投資案を選定する。投資後も毎期どのくらい回収されたか把握し、投資効率がよいか悪いかを検討する。

また、近年の金融市場の活発化や投資手法の進歩によって、これまでの一定期間の投資効率を追求する投資計画から戦略的投資計画へと変化が見られつつある。戦略的投資計画とは、企業の将来的な成長を促進するために、「どう企業を根本から変革していくか」というきわめて戦略性の強い財務案件を扱うことを指す。具体的には、株式公開やM＆Aをはじめとする事業再編の手法などを駆使して、戦略に基づいた経営計画の遂行と達成を目指すことである。

121

第6章 ● 経営計画

（2）新規事業設備投資計画

　新規事業を始める際に、土地や建物、機械設備を、自社で購入するか、賃貸やリースでまかなうかを決定する。それぞれについて投資金額を明らかにし、何年で回収できるか、キャッシュ・フローはどのように違うか、さまざまな観点から比較検討して、最も効率的な投資計画案を選定する。

（3）部門別投資計画

　経営目標が部門別に設定されたら、それを達成するためには現状の設備・人材で可能かどうかを検討し、新たな設備・人材への投資が必要と判断されたならば、各部門別に必要な投資金額を明確にする。部門別に投資計画を策定する際にも、いくつかの代替案の中から全社的な投資効率の判断指標により最適な投資案を選定する。

（4）機能別投資計画

　部門間をまたがるようなシステムを導入する場合や、全社員を対象とする教育研修を実施する場合には、各部門の投資予算ではなく、起案部門が投資計画を策定する。

7　損益計画

（1）損益計画と資金計画

　損益計画は、月次の販売計画や製造計画、経費予算をもとに、予測の損益計算書を月次ベースで策定する。資金計画は、損益計画に投資計画を加味して、自社の売掛債権の回収条件や買掛債務の支払条件を反映させて、どの月にどのくらいの資金の入金・出金があるかを予測する。そして、必要な資金をどの月にどのように調達するか、既存の借入金の返済計画とあわせて新規借入金の返済計画を策定する。

122

（2）全社損益計画

　全社損益計画は、全社目標利益を達成するためにはどれくらいの売上高・売上総利益が必要か、また経費はどのくらいに抑えないといけないかを明らかにしたものである。全社損益計画はトップダウンで各部門に通達される。

（3）部門別損益計画

　各部門では、来期の市場の状況と過去の実績、得意先の状況、仕入価格の動向等を鑑み、現場からの積み上げ（ボトムアップ）方式により部門別販売計画、経費計画、部門別損益計画を策定する。トップダウンで降ろされた全社損益計画と各部門からボトムアップされた部門別損益計画を集計した計画とを比較し、そのギャップを調整して最終的な部門別損益計画を決定する。

Column　☕ コーヒーブレイク

《経営計画の持つ「意味」》

　企業が事業活動を展開していくためには、金融機関や市場から必要な資金を調達しなければならない。バブル崩壊後の金融の引き締めや金融ビッグバンなどによって、企業に対する融資や投資に関して以前にも増して厳しい査定が求められてきている。このため、上場企業は四半期決算の発表時に中長期計画をあわせて発表するケースが多くなっている。これは、仮に今期が赤字決算だとしても実現性の高い構造改革や長期戦略が盛り込まれていれば、株価の維持が可能になるからである。

　従来、企業に対する社外からの評価は過去の業績である財務諸表が主なものであったが、これからは企業の将来性を示す中長期の経営計画などの計画書なども同様に重視されていくこととなるであろう。つまり、企業は「これまで何をしてきたか」と同様に「今後何をしていくのか」を社内外に対してより明確にアピールしていく必要があるのだ。

第6章 ● 経営計画

　以上に見た経営計画で実際につくられる計画書の主な様式をまとめた
ものが、図表6-3-1である。実際には、このリストにあるような計画
書を作成し、実際に計画を遂行していく。

図表6-3-1 ● 計画書様式リストの例

A. 中長期経営基本戦略
- □経営理念
- □経営ビジョン
- □事業領域（ドメイン）
- □経営目標（ゴール）
- □組織変革
- □グループ企業統括方針

B. 全社・グループ統括計画
- □中長期 損益計算
- □中長期 貸借対照表
- □中長期 財務計画
- □中長期 設備投資計画
- □中長期 人員および人件費計画
- □中長期 研究開発計画
- □中長期 販売計画
- □中長期 生産・物流計画
- □中長期 外注計画
- □中長期 仕入計画
- □中長期 情報システム計画

C. 事業部門計画
- □事業ビジョン
- □事業構造変革シナリオ
- □目標とする市場ポジショニング
- □経営目標（ゴール）
- □組織体制
- □新規事業計画

D. 機能別計画
- □販売計画
- □生産・物流計画
- □仕入計画
- □研究開発計画
- □組織・人事計画
- □財務計画
- □情報計画

E. 新規事業計画
（事業部門とグループ企業に所轄させない新規事業）
- □事業コンセプト
- □事業戦略
- □長期事業収支計画
- □投資計画
- □人員計画
- □仕入・在庫計画
- □流通チャンネル・ロジスティクス計画
- □販売計画
- □原価、経費計画
- □推進組織と運営体制
- □推進責任者の権限範囲
- □事業見直しおよび撤退基準

出所：丹羽（1999）、p. 117

第6章　理解度チェック

次の設問に、○×で解答しなさい（解答・解説は後段参照）。

1　経営目標の水準は、具体的な根拠を持ちつつも、全社を挙げて成長を目指し、かつ自社能力よりも少し高い目標でなければならない。

2　経営計画は、基本的に経営戦略の遂行に関する詳細な計画を独立的に立案することが重要であり、そのほかの実務的要件とは切り離すべきである。

解答・解説

1　○
経営目標は、合理的根拠のあるものでなければただの無謀な目標に終わってしまう。しかし、企業全体が成長していくために自社能力よりも少し高い目標であることが望ましく、またその目標が達成されることで企業がどのように変化するかをイメージできるものがよい。

2　×
経営計画の立案に関しては、経営戦略の遂行に関するさまざまな要素が含まれる。それは、計画の具体性や修正サイクルを含むが、さらに重要となるのが業績評価との連結である。経営計画が実務的にどのくらい実績を上げたか、それをどう評価するか、といった実務的要件と結びついていない経営計画は実行性が低い。

第II部

経営戦略策定プロセス

第 **7** 章

経営戦略の策定プロセス

この章のねらい

　経営戦略の策定とは、将来の企業を取り巻く経営環境に適合しうる自社の将来像を描き、その描いた将来の企業の姿へ現在の企業を変革していくプログラムの策定といえる。本章は、こうした経営戦略の策定プロセスを概観し、全体的な理解を深めることを目的としている。

　経営戦略策定プロセスには、大きく5つの段階がある。それは、経営目標の設定、経営環境の分析、自社能力の分析、戦略代替案の構築・評価・選択、実行計画の立案である。全体の経営戦略策定プロセスにおけるこれらそれぞれの位置づけと役割を理解し、統合的なプロセスの流れの理解を意識することが重要である。

第7章 ● 経営戦略の策定プロセス

| 第 1 節 | 経営戦略策定の構造図 |

学習のポイント

◆経営戦略の策定とは、将来の環境変化に適応する将来の姿へ
と自社を変革するプログラムである。
◆経営戦略策定のおおまかな流れは、目標設定、外部環境・内
部環境の分析、代替案の決定、計画の立案であり、その中で
も特に企業の内外に関する緻密な分析は重要である。

1 経営戦略策定の目的

　現代の企業を取り巻く経営環境を一言でいえば、それは「激変」とい
えるのではなかろうか。そのくらい、現代ほど環境変化の激しい時代は
かつてなかったであろう。通信や情報技術の革命的進歩、グローバリゼ
ーションの拡大、規制緩和や経済構造の変化、経済のソフトウェア化、
社会環境のアジリティ化など、現代の企業経営を取り巻く環境は絶え間
なく変動しており、企業経営にも多大なインパクトを与えている。この
ような状況の中で、変化する環境への対応を怠った企業には長期的な繁
栄を望むべくもない。こうした激変する環境への不断の適応を可能にす
る企業のみが、長期的な生存と繁栄を享受できるのである。この激変す
る環境への適応を実現するために必要なのが経営戦略であり、その経営
戦略の策定プロセスなのである。

　ある企業が好業績を上げていたとしても、それはその時点での外部環
境においてのことであり、その環境にうまく適応した結果である。今後、
企業経営に大きな影響を与える環境変化があった場合には、たとえ過去

130

図表7-1-1 ●環境適応と経営戦略

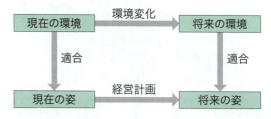

に成功した企業であってもその環境変化に合わせて自身を変革していかない限り、業績を確保することは困難になる。将来の環境変化に対応するように自身を変革し続けていかなければ、企業の長期的存続は危ういのである。図表7-1-1に示すように、環境変化を先取りし「将来の環境」に適合する自社の「将来の姿」を描き、「現在の姿」から「将来の姿」へと自社の経営構造を変革することが経営戦略である。そして、経営戦略の策定とは、「将来の環境変化に適応する将来の姿へと自社を変革する」ためのプログラム策定といえるであろう。

2　経営戦略策定の構造

次に、実際の経営戦略策定のプロセスを見ていく。図表7-1-2は、経営戦略策定プロセスの構造を図示したものである。経営戦略の策定には、大きく5つのプロセスがある。それは、(1) 経営目標の設定、(2) 経営環境の分析、(3) 自社能力の分析、(4) 戦略代替案の構築と評価・選択、(5) 実行計画の立案、である。ここでは、それぞれを簡単に概観する。なお、それぞれの詳細については次章より細かく説明していく。

(1) 経営目標の設定

図表7-1-2に見られるように、経営戦略の策定はまず経営目標の設定から始める。ここでは、あるべき将来の企業像が描かれる。それは、将来の売上高、利益率、マーケットシェアなどの具体的な数値目標（定

第7章●経営戦略の策定プロセス

図表7-1-2●経営戦略策定プロセスの構造

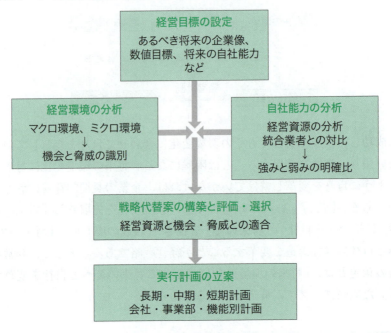

量的目標）だけでなく、将来の事業活動領域、自社能力、組織文化などの定性的な目標も設定される。

　前述したように、経営目標とは、現在までの経営活動の延長線で将来を描くということではなく、あるべき姿としての企業像をまず描いた後に具体的な経営戦略を策定するためのものである。激変する環境においては、これまでのような過去の延長で経営戦略を立てるという外挿法による戦略策定は機能しなくなってきているのである。

（2）経営環境の分析

　経営目標が設定されると、次に経営環境の分析と自社能力の分析を行う。実際の経営戦略の策定においては多くの場合、環境分析から経営戦略の策定を始める。環境分析の内容は非常に多岐にわたる。経済や人口

第1節 ● 経営戦略策定の構造図

の変化、技術動向、社会文化、政治的要因といったマクロ的な視点から見た環境や、企業が対象とする顧客や属する業界、競合企業などのミクロ的視点から見た環境が、どのように変動するかを分析し予測する。環境の識別すべき変数の広がりや深みは、企業の置かれた状況によって異なる。たとえば、新規事業を興そうとしている企業などは、ねらうべき市場の探索のために広範な環境分析を行う。将来の所得水準の変化、人口構成や平均年齢の変化、ライフスタイルの変化、技術変化、法規制の変化などを予測し、新たな産業や市場への進出を決定する。また、ある企業においては、競争状況の変革をねらって属する産業内の競争構造を徹底的に分析し、その中で満たされないニーズを発見し、シェアの拡大や逆転をねらう、といった目的で分析を行う場合もある。

　また、今日、多くの企業にとって特に技術変化の予測は重要なものとなっている。ITやバイオテクノロジーなど、先端技術分野での変化は企業の戦略策定に大きな影響を与えている。こうした将来の技術進歩の方向を予測し、自社の追求すべき技術の姿を重ねて描くことこそが、経営戦略の策定そのものとなる。もちろん、こうした予測が正確というわけではない。しかし、こうした技術の予測によって技術全体の俯瞰図を得ることが、経営資源の分散や不測の事態に速やかに対応することを可能にするのである。

　外部分析の目的とは、現在企業が直面する、また将来志向的に企業が直面するかもしれない外部環境における機会と脅威を適切に把握することである。この場合の**機会**とは、適切な戦略的対応によって企業の成長や利益を確保できうる環境の事象やトレンドを指す。また、**脅威**とは戦略的対応が適切でない場合、企業成長や利益の大幅な悪化につながるおそれのある環境の事象やトレンドを指す。

　さらに、外部分析のもう1つの目的として、自社を取り巻く環境や自社の事業そのものの不確実性を認識することである。不確実性が緊要である場合、特に詳細かつ的確な戦略的意思決定を行うための外部分析が必要となるのはいうまでもない。

133

（3）自社能力の分析

　環境分析に続くのが自社能力の分析、すなわち自社の持つ経営資源や強みと弱みの分析である。自社能力を分析する手法にはさまざまなモデルが開発されているが、一般に業績分析と戦略を決定づける商品力、技術力、資金力、人的資源、戦略的意思決定の質などの主要因の分析を指す。

　また、自社能力分析 Key Word では、自社の保有する経営資源に関するデータを収集し分析を行うとともに、自社と競合する他企業を設定し、競合他社の保有する経営資源に関するデータ収集・分析を行うことも必要となる。自社能力分析の目的は、1つは現在の自社の経営能力を的確に把握し、経営戦略や戦略計画の遂行・達成のために自社に欠けているものを把握すること、もう1つが自社と競合他社とを対比することにより、競合他社の強みと弱みおよび自社の強みと弱みを明らかにすることである。

（4）戦略代替案の構築と評価・選択

　経営環境の分析と自社能力の分析が行われると、次に戦略代替案の構築と評価・選択が行われる。ここでは、経営環境の分析から導き出された機会と脅威および自社能力分析からの自社の強みと弱みを軸に、経営目標を達成するために求められる複数の戦略代替案が構築される。そして、これら複数の代替案の効果を評価することにより、最終的に1つの案が選択されることになる。

　この戦略代替案の構築と評価・選択は、経営目標を達成するために変

Key Word

　自社能力分析──自社能力分析では、自社の保有する経営資源に関するデータを収集し分析を行うとともに、自社の競合他社についての経営資源の保有状況などを分析することが必要となる。

　自社能力分析の目的は、自社と競合他社を対比することによって、競合他社ならびに自社の強みと弱みを明らかにすることにある。

化する環境に対して自社の保有する資源や能力をいかに活用していくか、換言すれば変化する環境に対していかに自社能力を適合させていくかを決定することである。

戦略代替案の構築や評価・選択の際に考えなければならない基本的な要件として、次の5つが挙げられる（アーカー、2002、p. 55-56）。

① **今後起こりうるシナリオを検討する**

将来、企業にとって起こりうるさまざまなパターンを想定したシナリオは、戦略的不確実性、環境上の機会や脅威が刺激となって生まれる。そこでできたシナリオごとにそれぞれの戦略オプションを評価することは重要である。

② **持続可能な競争優位を追求する**

経営戦略の一部に持続可能な競争優位が存在するかどうかも、戦略代替案の有用な判断材料である。持続可能な競争優位を達成・維持するためには、戦略は組織の資産と能力を最大限に生かし、自社の弱みをやわらげるものでなくてはならない。

③ **組織のビジョン・目標と整合性を持っていること**

戦略代替案は、企業の策定した組織ビジョンや目標と整合性が保たれていなくてはならない。組織ビジョンや目標は戦略全体を1つの体系でまとめるためのものである。その体系から逸脱する戦略代替案は実効性が低い。

④ **実行可能性**

戦略代替案は、そもそも実行可能なものでなければならない。企業が持つ経営資源や組織の特徴や組織メンバーの能力、関係会社とのパートナーシップなど、現実的な資源や状況と調和した戦略代替案の選択が必要である。

⑤ **企業内部の他の戦略との関係を考慮する**

経営戦略は、他の事業単位と次の点で関係している。

ⅰ．キャッシュ・フローの源泉と使途とのバランス

ⅱ．柔軟性の強化

iii．シナジー

　以上の要件を踏まえて、変化する環境に対していかに自社の能力を適合させていくかが、戦略代替案の構築と評価・選択の要諦となるであろう。

（5）実行計画の立案

　戦略代替案が選択された後に必要となるのが、その案を実現するための具体的な数値計画や行動計画の立案である。この**実行計画**には、前述したように期間別の長期・中期・短期計画があり、また組織階層別に分けられた全社計画、事業部計画、機能別計画に分けられた販売計画、生産計画、研究開発計画などが挙げられる。

　実行計画においてきわめて重要な問題の１つは、こうした実行計画や戦略そのものの見直しと変更が必要な時期を見極めることである。通常、実行計画の成果および環境について、いくつかの重要な指標を監視する必要がある。それには、売上げ、市場シェア、利益率、ROAなどが挙げられる。外部環境についても、継続的なモニタリングにより有効な情報をいち早くとらえることができるような努力が必要である。

第7章 理解度チェック

次の設問に、○×で解答しなさい（解答・解説は後段参照）。

1　現在、好業績を上げている企業であっても、今後の環境変化に対応して自社を変革していかない限り、その業績を確保していくことはできない。

2　企業の置かれている現在の状況を把握するうえで重要となるのが、経営環境分析と自社分析である。これらの分析では、企業が今後成長していくうえでの機会や強みを理解できるが、その反面、自社の欠点や対外的な脅威を理解することは難しい。

解答・解説

1　○
現在、いくら成功している企業といえども、環境の変化によってはあっという間に失墜してしまうことがある。企業は常に次の経営環境を見据えた自社のあり方、進むべき方向を考えなければならない。これが現在の企業経営である。そこにおいて重要となるのが、経営戦略なのである。

2　×
戦略策定プロセスにおける外部環境分析は、自社を取り巻く環境においての機会と脅威を、内部分析は、自社の持つ強みと弱みをそれぞれ明らかにする。そして、機会を利用し脅威を避け、強みを生かし弱みを克服するための経営戦略の策定が重要となるのである。

第 **8** 章

経営理念・ビジョンの設定

この章のねらい

　経営目標や経営方針、経営計画の基礎となるのが、経営理念である。経営理念は、社内外に対して自身の存在や価値を明確に伝える役割を果たすものである。本章では、そうした経営理念の役割を明らかにしていく。また、経営理念に続いて企業が目指す将来の具体的なあるべき姿を表しているビジョンについても詳しく見ていくこととする。さらに、経営理念やビジョンと経営目標との関連についても見ていく。

第8章●経営理念・ビジョンの設定

| 第 1 節 | **経営理念の役割** |

学習のポイント

◆経営理念とは、企業の存在意義や経営姿勢などの経営目標や、日々の経営活動の根幹をなすものである。

◆経営理念を構成する要素として、企業使命、経営姿勢、行動規範の3つが挙げられる。

◆経営理念は経営目標と同様に、企業内部で受け入れられることはもとより、企業外部において一定の評価を得られるような妥当性を持つことが重要である。

---

1 経営理念とは

　企業が成長をしていくためには、自社の内部で完結した経営戦略や経営目標、経営計画を遂行するだけでは難しい。自社を取り巻く顧客や従業員、株主、取引先などのステークホルダーに対して、自社の存在目的や価値をアピールしていく必要がある。そうした価値や目的に対して共感を得られるような企業でないと、市場において企業価値を評価されることはなく、結果的に長期的な存続や成長は望むべくもない。そうした社内外に対して自身の存在や価値を明確に伝える役割を果たすものが**経営理念**である。

　経営理念の定義としては次のようなものがある。

　「会社の、社会における役割や社会的責任、目標、戦略、行動指針などの重点を、簡潔な言葉やシンボルで表したもの」

　「経営者が企業を経営するにあたって持っているところの信念、信条、

140

理想、哲学であり、その企業の行動指標となる考え方を示すもの」

いずれにしても経営理念とは、企業の存在意義、使命など対外的に実現したい姿と、経営姿勢、行動指針など組織の基本方向や共通の価値について定めたものであり、経営目標や経営活動の基本方向を定める基礎になるものといえるであろう。

また、組織構成員の1人ひとりに経営理念が浸透することによって、次のような効果が実現可能である。

① 組織構成員間のコミュニケーションを容易にする。
② 組織の公式的な規則がなくても個々の行動の調整が可能となる。
③ 意思決定が早くなる。
④ 組織構成員に理念的なインセンティブを与えることによりモチベーションが高まる。

2 経営理念の内容

経営理念の内容は企業によってさまざまであるが、通常は企業目的、経営方針、社是、社訓、行動指針などをそのまま、あるいは組み合わせた形で設定している企業が多いようである。

内容を分析すると、企業そのものの基本目的・基本目標を表明するタイプのものと、地域・顧客・社員などステークホルダーに対する基本姿勢を述べたタイプ、社員の行動基準を示したタイプに分けることができる。もっとも、理想的な経営理念とはこれらの要素すべてを包括したものであることが望ましいことはいうまでもない。

経営理念を構成する主要な要素とは、(1) 企業使命、(2) 経営姿勢、(3) 行動規範、の3つである。次に、これらについて見ていく。

(1) 企業使命

企業理念の最初に来るべきものは、自社と社会との基本的なかかわり方を示す企業使命である。企業使命は自社の存在意義を見つめ直し、そ

141

れを主体的に謳ったものである。したがって、企業使命は、企業の経営活動や目的を、どういった領域で、どのような機能・価値を持って、誰に貢献することで達成するのかを、簡潔な表現で表すことが重要である。また、企業使命には、創業者や企業の変革期の経営者が抱えた問題点や想い、理想などが反映されることが多い。

（2）経営姿勢

経営姿勢の内容としては、地域社会・顧客・社員・株主などへの対応、企業成長の姿勢、経営行動の特性、組織運営の特性などの要素が含まれる。基本的に経営姿勢は、自社向けというよりは対外的なステークホルダーに向けた自社の経営スタイル、経営目標のアピールである。それゆえ、市場や社会一般に広く受け入れられ、しかも自社の独自性を明確にするような姿勢を提示することが重要である。

（3）行動規範

一方、行動規範とは社内向けのアピールである。行動規範とは、企業に勤める組織構成員としてのあり方を示すもので、その企業の構成員1人ひとりがどのような考え方でどのように行動すればよいかを表現したものである。行動指針、行動基準、行動原則、心得などがこれに当たる。

第2節 ● ビジョンの設定

| 第 2 節 | **ビジョンの設定**

学習のポイント

◆経営ビジョンとは、企業が目指す将来の具体的なあるべき姿
を従業員や顧客、社会に対して表明しているものである。

◆経営理念やビジョンは経営目標と同様に、企業内部で受け入
れられることはもとより、企業外部において一定の評価を得
られるような妥当性を持つことが重要である。

1 ビジョン

永続的に利益を確保すること、それが**ゴーイングコンサーン**を前提と
する企業の究極的な目標である。言葉を変えれば、未来永劫の成功と繁
栄ということになるが、そのためには企業の方向づけをしなくてはなら
ない。羅針盤のない航海では座礁してしまうように、企業も羅針盤たる
ビジョンを持たなければ座礁、すなわち倒産や廃業ということになりか
ねない。

経営に対する基本的なスタンスを明確化した経営理念に対し、企業が
目指す将来の具体的なあるべき姿を従業員や顧客、社会に対して表明し
ているのが**ビジョン**である。経営戦略の根幹となるのは、将来にわたっ
てどのような方向へ成長を目指すのか、そのために必要なものは何か、
といった将来に向けた構想である。また、同時にそれは、何を提供する
企業なのか、何を目指しているのか、といった企業のアイデンティティ
に強く影響される。ステークホルダーの満足ということに関連させれば、
このビジョンの設定にあたっては、企業だけの満足・短絡的な利益追求

143

を志向するのではなく、ステークホルダーの満足をも含めたビジョンの設定が今後はより求められていくといえる。

　企業の方向づけであるビジョンが決まったならば、すべての企業の持つ力をそこに効率よく最大限に結集することが必要となる。ここで注意すべき点として、経営環境が大きく変化しスピードもますます速くなってきている現代において、このような環境変化に対応するためには、大枠の方向は決定していたとしても、環境に合わせた不断の調整が必要だという点が挙げられる。常に環境との適合を意識し、企業と同様にビジョンも日々進化させるものと考えるべきであろう。

　また、高い水準に設定されたビジョンは、企業を構成するメンバーのコミットメントを引き出すことができる。しかし、その一方で達成が容易ではなく、常に革新的・創造的な発想・手段が要求される。この達成の手段こそがイノベーションへとつながるのである。

　長期・短期という視点で目標をとらえた場合、ビジョンの実現を目指して長期の成功を重視するために、短期の成功を犠牲にしなくてはならない、といった二律背反が起こる場合がある。そういったとき、企業はどうすればよいのだろうか。長期の成功と短期の成功の二者択一を迫られた場合、企業の致命的事態を招かない限り、長期の利益を優先すべきであろう。しかし、短期の利益をも確保しつつ長期の利益、ひいては未来永劫に続く利益確保ができるのであれば、それこそが企業の理想的な経営であり、目指す姿であることはいうまでもない。

2　経営理念・ビジョン・経営目標の関係

　経営理念は企業使命、経営姿勢、行動規範を主な内容とする、企業としての永続的な理念目標である。また、ビジョンはそうした経営理念に基づいて、企業が目指す将来の具体的なあるべき姿を従業員や顧客、社会に対して表明している。それに対して、経営目標はある一定時点での将来のありたい姿を定性・定量面から明確化したものといえる。

経営理念やビジョンと経営目標は、どちらも企業内外に対して、自社の今後をアピールする重要な要素である。間接金融から直接金融への移行が進み、企業の第一義的命題として株主価値の向上、企業価値の向上が求められる現在、いかに市場に受け入れられるような企業としてのアピールができるかということは、そのまま株価や企業価値に直結する大事な問題なのである。そのために、経営理念・ビジョン・経営目標は、ただ単に進むべき方向を抽象的に表現したものや、各事業部門の目標値を足し合わせただけのものではなく、より具体的で明確な、そして市場がそれを高く評価するような挑戦的で納得性の高いものでなければならない。そういった意味からも、これらの策定を担う経営戦略部門の責任は大きいといえるであろう。→図表8-2-1

図表8-2-1●経営理念・ビジョン・経営目標の関係

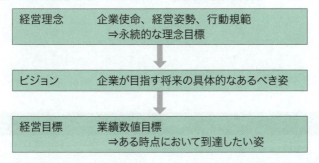

第8章　理解度チェック

次の設問に、○×で解答しなさい（解答・解説は後段参照）。

1　経営理念が確立することで、組織構成員にその理念が浸透し、結果として企業内部のコミュニケーションの円滑化や意思決定が早くなるといった実務上の効果も多く見られるようになる。

2　高い水準に設定されたビジョンは実現に向けて常に革新的・創造的な発想・手段が要求されるため、結果としてイノベーションへとつながる。

解答・解説

1　○
企業内部における経営理念の浸透は、社内共通の価値基準や行動基準をつくり出す。その結果、コミュニケーション、調整コスト、意思決定スピード、モチベーションなどに正の効果をもたらす。

2　○
高い水準に設定されたビジョンは、企業を構成するメンバーのコミットメントを引き出すことができる。また、実現のために常に革新的・創造的な発想・手段が要求されるため、その結果においてイノベーションが実現される。

第9章

経営環境の分析

この章のねらい

　一般的に、戦略策定において経営目標を設定した後に行うプロセスが経営環境の分析である。経営戦略が「環境適応のパターンを将来志向的に示す構想」であることからもわかるように、企業を取り巻く経営環境を的確に把握することは経営活動においてきわめて重要である。

　本章では、こうした経営環境の構成要素をマクロ的視点、市場の視点、顧客の視点からそれぞれ分析する。さらに、実際の戦略策定プロセスにおける経営環境の分析の具体的な一般的手順を解説する。

　経営環境の分析は、第10章の自社能力の分析と並んで戦略策定プロセスの根幹をなすものであり、これらが適切に行えていないままに策定された経営戦略は、経営戦略としての機能をまったく果たさないものになってしまう。その点からも、本章に関してはしっかりとした理解を期待したい。

第9章●経営環境の分析

| 第 1 節 | 経営環境とは何か |

学習のポイント

◆経営環境は非常に多岐にわたるため、人口や経済などのマクロ的視点から顧客や業界などのミクロ的視点まで、さまざまな視点から見た経営環境分析が必要である。
◆経営環境分析のアウトプットとして意識しなければいけないものは、環境における自社にとっての機会と脅威の把握と、戦略に影響する環境の不確実性の把握である。

　企業が長期的に存続・成長するためには、経営環境の変化に対して適切な対応を行い、適合していくことが必要である。しかしながら、現実の経営では過去の延長線上での経営活動を進め、経営環境の変化に適合できずに衰退、あるいは倒産する企業も少なくない。環境変化への対応方法はさまざまなものがあるが、いずれの方法をとるにせよ、適切な対応を行い環境適合を実現するためには、環境変化の的確な予測と把握が不可欠なことに変わりはない。

　企業を取り巻く経営環境は、非常に多岐にわたる。人口、経済、自然環境、技術、政治、文化といったマクロ環境もあれば、業界、競合、消費者などのミクロ環境もある。これらの環境の変化が企業経営にどのような影響を与えるかを予測することが経営環境分析のポイントである。

　経営環境分析 Key Word を行う場合には、2つのアウトプットを意識する必要がある。1つは、現在企業が直面する、また将来志向的に企業が直面するかもしれない外部環境における機会と脅威を適切に把握することである。この場合の機会とは、適切な戦略的対応によって企業の成長

148

や利益を確保できうる環境の事象やトレンドを指す。また、**脅威**とは戦略的対応が適切でない場合、企業成長や利益の大幅な悪化につながるおそれのある環境の事象やトレンドを指す。

　もう1つのアウトプットとして、自社を取り巻く環境や自社の事業そのものの**戦略的不確実性**を認識することが挙げられる。戦略的不確実性が緊要である場合、特に詳細かつ的確な戦略的意思決定を行うための外部分析が必要となるのはいうまでもない。こうした環境の不確実性は、環境への対応とそれに伴う経営戦略の修正や転換が素早くなされれば企業にとって千載一遇の機会となるが、一方でその変化をつかみきれないまま対応に遅れをとると、企業にとってとてつもない脅威となるのである。そういった意味から、この戦略的不確実性の認識は非常に重要となる。

Key Word

経営環境分析──経営環境分析では、企業を取り巻く広い意味での環境であるマクロ環境と、企業が対象としている顧客や業界、あるいは今後対象とする顧客や業界などのそれぞれの企業が直面しているミクロ環境の両方が対象となる。
　経営環境分析の目的は、これらの環境が現在どのような状況にあり、今後どう変化していくかを予測し、その環境変化の中で自社にとっての成長機会と自社に存続や成長を脅かす脅威を抽出することである。

第9章 ● 経営環境の分析

第 2 節 経営環境の構成要素

学習のポイント

◆経営環境の構成要素として、マクロ環境、製品・市場、顧客の3つの視点が挙げられる。

◆マクロ環境分析は、技術、政府規制、経済、文化、人口動態などを対象に行う。

◆製品・市場分析は、製品ライフサイクル・モデルをもとに自社の製品や市場がそのライフサイクルにおいてどの時期にあるかを的確に把握することが重要である。

◆顧客分析は、市場細分化、未充足ニーズの把握であり、自社の製品やサービスを購入する消費者の具体像を把握することが目的である。

　経営環境の構成要素として、ここではマクロ環境分析、製品・市場分析、顧客分析の3つの分析を取り上げる。まず初めに、人口、経済、自然環境、技術、政治、文化といったマクロ環境分析について見ることにする。これらは、社会全体の大きな流れとして企業経営に対し直接的・間接的に影響を与え、ときには抜本的な方向転換を余儀なくさせる場合もある。

　次いで、自社の製品やサービスを投入している、また投入を予定している市場や業界が現在どういった状況にあるのか、生成から衰退まで典型的な市場の進展過程の中でどの位置にあるのか、といった製品・市場分析に必要な製品ライフサイクル・モデルについて言及する。

　最後に、自社の顧客および将来の顧客はいったいどういった特徴を持

150

第2節 ● 経営環境の構成要素

った人々なのか、彼らはどのようなニーズ・ウォンツを持っているのか、といった顧客や消費者、消費者市場を把握するために必要な顧客分析を見ることにする。

1 マクロ環境分析

経営環境分析における最初のステップは**マクロ環境分析**である。詳細な経営環境の把握に先立ちマクロ的な環境変化の予測を行うことで、今後の経営環境の大きな流れを把握することがここでの目的となる。マクロ環境分析の主題は、直接的・間接的に経営戦略に影響を与える環境のトレンドと事象である。そして、その環境のトレンドと事象を把握し、それらの発生する可能性とインパクト、影響力を適正に評価することにある（アーカー、2002、p. 141）。

マクロ環境の分析は、技術、政府規制、経済、文化、人口動態などといったものを対象に行う場合が多い。→図表9-2-1

（1）技術

マクロ環境の分析においてまず考えなければならないものが、市場や産業における技術のトレンドや技術的事象の把握である。こうした技術的なトレンドや事象は、その技術を利用できる、また開発能力のある組織にとっては大きな機会となるが、その一方で代替されてしまう旧技術に依存する企業にとっては重大な脅威となる。

これまでも、技術のイノベーションは産業の発展や進化に大きな影響を与えてきた。**イノベーション**は、大きく2つの種類に分けられる。1つは**プロダクト・イノベーション**であり、それ以前の製品とはまったく異なる画期的な新製品を生み出す場合が多い。もう1つは、**プロセス・イノベーション**であり、プロダクト・イノベーションのようにそのイノベーション以前の製品を一掃してしまうような画期的なものでないのが普通である。むしろ、生産ラインでの継続的で地道な改善活動努力の結果、

151

第9章 ● 経営環境の分析

図表9-2-1 ●マクロ環境分析

技術	・既存の技術はどの程度成熟しているか。 ・どのような技術的進展あるいはトレンドが産業に影響を及ぼすのか。あるいは影響を及ぼす可能性があるか。
政府の規制	・どのような規制の変更が考えられるのか。そのインパクトは何か。 ・戦略に影響するような税制その他の優遇措置がなされつつあるか。 ・ある政府の管轄下で操業することに、どのようなリスクが考えられるか。
経済	・企業が操業している国の経済状況とインフレ率はどのようなものか。 ・それらは、どのように戦略に影響を与えるか。
文化	・ライフスタイル、ファッション、その他の文化的要素における現在のトレンドと出現しつつあるトレンドは何か。それらはなぜ起こっているのか。その意味するところは何か。
人口動態	・どのような人口動態トレンドが産業と下位市場の市場規模に影響を与えるか。 ・どのような人口動態トレンドが機会や脅威となるか。
一般的な環境分析の質問事項	・重要なトレンドと重要な将来の事象は何か。 ・どのような機会と脅威があると思うか。 ・戦略に影響を与えるトレンドと事象に関して、何が主要な不確実性の領域か。これらの戦略的不確実性をそのインパクトに関して評価せよ。
シナリオ	・どのような戦略的不確実性がシナリオ分析の基礎としてふさわしいか。

出所：アーカー（2002）、p. 142

劇的にコストダウンが実現できるというようなイノベーションである。

この2つの技術イノベーションが、企業経営にさまざまな影響を与えることになる。プロダクト・イノベーションが競争の焦点となる段階では競合企業間で製品に差が大きいので、いかにして消費者ニーズに合致した製品を開発するかに競争の重点が置かれている。

それに対して、生産プロセスでの競争に段階が移ると、価格面での競争や、細部における製品差別化の積み重ねによるプロセス・イノベーシ

152

ョンが重要となってくる。

（2）政府の規制

取り扱っている製品やサービスに直接かかわるような法的規制は、政府により決定される場合がある。こうした規制は、企業にとって機会や脅威になる可能性がある。現在でも、著作権法の強化はソフトウェア業界やコンテンツ業界に大きな影響を与えたし、金融の規制緩和は大規模な業界再編を導き出した。

規制強化はコスト構造や需要に影響する可能性が高いし、逆に規制緩和によって潜在的競争業者の参入が激化する可能性もある。直接的な変化ではなくても、税制などの変更によって需要が変化することもある。このような政府の動きを察知して対応することも必要である。

（3）経済

経済全体の状況も、企業活動を大きく左右する要因である。好景気によって高級品市場が活発になるし、その反対に不況下では低価格品市場が注目される。

また、為替に関する予測も企業にとって重要となる。円高の進行により相対的に低価格化した輸入製品が急増すると、国内の企業はそれに対応した製品戦略をとらないと市場を失う結果になる。

経済の問題は、一見直接影響が弱いと思われるような動向が企業にとって大きな影響を与える可能性があるため、特に注意が必要な外部環境要因の1つである。

（4）文化

最終的な買い手である消費者の嗜好あるいは購買動機は、その消費者が属している文化に大きく影響される。たとえば、戦後、日本人の生活スタイルは大幅に変化し、衣食住のあらゆる分野において欧米化が進んだ結果、着物や漆器などの市場は縮小し日本の伝統的産業は衰退するこ

153

ととなった。

　反対に、食料や飲料といった文化を日本に導入して成功した外資系外食産業のように、日本文化の変化を巧みに取り入れていった場合、企業成長の大きな機会ともなる。

（5）人口動態

　市場を構成する人々がどういったトレンドを持つかは、市場そのものを理解するうえで重要である。人口動態の変数は年齢や収入、教育、住所、性別などさまざまである。しかし、こうした人口動態はある程度の予測が可能なため、比較的把握しやすい。それゆえに、企業がどの変数をもって人口動態を把握するかという点が、その企業が脅威や機会に的確に対応できるかどうかを左右する。

　現代の人口動態の特徴として顕著なのが少子高齢化の進行である。そのため、シルバー層向けの市場が今後巨大になることは容易に想像できる一方で、子ども向けの製品市場や教育産業などは今後厳しい状況にさらされるであろう。

2　製品・市場分析（製品ライフサイクル）

　生き物には生まれてから死ぬまでの一生があるように、製品にも市場で売れ始めてからその寿命が尽きるまでのプロセスがある。この製品の一生が製品ライフサイクルである。製品ライフサイクルは、時間とともに変化する市場規模の推移で示すことができ、またその過程はいくつかの段階に区分することができる。この区分された段階によって環境における機会や脅威は異なり、それに伴い企業の環境対応も異なったものとなる。

　企業は、自社製品や事業が現在ライフサイクルのどの段階にあるのか、あるいはどの段階に移行しつつあるのかを明確にすることによって、より効果的に環境に対応することができるようになる。

（1）製品ライフサイクル・モデル

図表9-2-2に示したように、一般的に製品ライフサイクル・モデルは、S字型の曲線で描かれ、4つの段階に区分される。

① 導入期

この期間は、製品が市場に導入されたばかりで、売上げの伸びが緩やかな時期である。

② 成長期

成長期に入ると、製品は急速に市場に受容され売上げも急上昇する。

③ 成熟期

成熟期は、製品が市場の大部分に浸透し売上げが伸び悩む時期である。

④ 衰退期

この段階では、製品の売上げは減少の一途をたどる。成熟期から衰退期への移行は、通常、新たに登場した代替製品への需要の移動、流行や嗜好の変化、低価格の輸入品などによって引き起こされる。売上げは低下し続け、製品はやがてその一生を終えることになる。

もちろん、新製品の多くが成長期に移行することができないままに、市場から姿を消していくなど、すべての製品がこのようなライフサイクルの経過をたどるとは限らない。その一方で、導入期を経ないで最初から成長期を迎える製品もある。また、成熟期あるいは衰退期にあった製

図表9-2-2●製品ライフサイクル・モデル

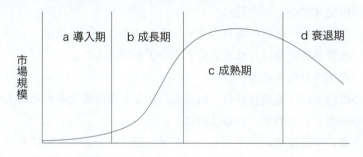

品が、効果的な製品戦略などによって再び成長し始めることもある。このように、製品ライフサイクルの一連の過程を１年以内で終えてしまう製品から、100年以上も存続する製品まで、さまざまなものが存在するのである。

次に、製品ライフサイクルの４つの段階の、それぞれの市場の状況と戦略のポイントについて見ていくことにする。

（２）導入期

導入期は、それ以前には存在しなかった製品が、市場に導入したときに始まる。この段階では、消費者や競争企業、流通業者は、製品や事業がどれだけの価値を持っているのか、どれだけの潜在力があるのかを十分理解していない。また、将来の需要動向も不明確である。今後、需要が大きく伸びるのか、それとも、このまま成長期を迎えることなく市場から消えていくのかということの予測は容易ではない。したがって、市場には消費者も競争企業も取引相手も非常に少なく、売上げは緩慢にしか増加しない。

市場への導入後、すぐに成長期を迎える製品がないわけではないが、現在広く普及している製品の多くの場合は、成長期に移行するまで長い時間を要している。一般的に、新製品の売上げが、市場導入後すぐには急速に伸びない理由としては、次の６項目が考えられる。

① 需要に追いつかない生産設備拡張の遅れ
② 量産技術の開発の遅れ
③ 販売体制づくりの遅れ
④ 消費者の、従来の購買パターンを変えることへの抵抗
⑤ 技術革新を受け入れる消費者がわずかであること
⑥ 高価格であること

この段階では、流通諸経費、販売促進費など製品導入のために大幅な費用が必要となるので、利益は出にくい。

導入期の経営戦略のポイントは、市場における製品の認知に資源を集

中することである。さきに述べたように、この段階の製品は市場あるいは消費者にまだ知られていない未開拓製品であるため、製品の存在やその機能あるいは利点、使用方法などを認知させる必要がある。

そのためには流通業者や消費者に対する働きかけが重要となる。具体的には、小売店レベルまでの流通チャネルを確保する活動、新しい製品を消費者に知らせるための広告・宣伝活動や、試供品の配布などの販売促進活動を展開する必要がある。その結果、売上高に占める販売促進費の比率はこの時期において最も高くなる。

（3）成長期

新製品の価値が既存製品に替わって受け入れられていけば、製品の販売は急速に増加する。まず、先端的な消費を行う限られた数の消費者たちが新製品の購入を始める。これに続いて、多くの数を占める平均的な消費者たちが購入を行う。この段階では成長率の予測も可能であり、かなりの規模の市場が形成される可能性が、誰の目にも明らかとなってくる。

ちなみに、新製品をどの程度早い段階で採用するかには、消費者の間で大きな個人差がある。新製品を採用する段階によって消費者を5つのグループに分けることができ、早期に新製品を採用するグループから順番に列挙すると、次のようになる（ロジャーズ、1990）。

① 革新者（Innovator）

全体の2.5%、多少リスクがあっても新しい製品・サービスに飛びつくグループ。

② 初期採用者（Early Adaptor）

全体の13.5%、思慮を持ってではあるが早期に新製品・サービスを採用するグループで、オピニオン・リーダーとして周囲からの尊敬を得ている。

③ 初期多数採用者（Early Majority）

全体の34%、社会の平均よりは早く新製品・サービスを採用する慎重さを持ったグループ。

157

④ 後期多数採用者（Late Majority）

全体の34%、大多数の人々がその価値を認めるまで新製品・サービスを採用しない懐疑心を持ったグループ。

⑤ 採用遅滞者（Laggard）

全体の16%、いかなる変化も信じようとせず、伝統を重んじる人たちとだけ付き合い、新製品・サービスはそれが伝統的なものとなって初めて採用するグループ。

大規模な市場の形成に伴って、大きな利益を獲得する絶好の機会が存在するため、多くの企業が市場参入を試み競争が激化する。競争に対応するために、企業の広告宣伝活動も活発になるであろう。生産設備の拡張と、新たに参入する企業の増加によって生産量は大きく伸びるが、それに応じて需要が伸びていく限り価格はほとんど変動しない。流通面では、この製品を取り扱う流通業者の数、業種、業態ともに急速に拡大する。

こうして成長期には、売上げの伸びに伴い、利益面でも相対的に大きな改善が見られる。しかし、市場が成長するとともに競争企業の新規参入も増加し競争が激化するため、成長期の後半では売上高に比して利益は伸び悩む。

成長期の経営戦略のポイントは、製品価値の多様化である。増加しつつある競争企業に対する差別化のため、あるいは消費者に選択の幅を与え需要を拡大するために、さまざまな製品価値を提供することが必要となる。この段階では、製品の一次的な機能、すなわち製品それ自体の基本的な機能は一般に認知されていることから、ブランドイメージやアフターサービスなどの二次的な機能を付加して、価値の多様化を図っていくことが肝要となる。また、製品の機能あるいは品質向上のための改良や、新しいモデルの追加も必要となる。

（4）成熟期

成長期はやがて終わりを告げ、成長率や販売量の伸びは低下し始めて

ほぼ横ばいとなり、**成熟期**へと移行する。成熟期は、需要全体としてはピークを迎える時期である。この時期には、需要の大きな部分を買い替え需要が占めるようになる。そして、購買者の意思決定は単純化し、日常的反復購買へと変化していく。

一般的にこの時期は、導入期や成長期よりも長く続く。需要の伸びが見込めない成熟期以降には、新たな企業が市場に参入してくることはまれであり、この段階で競争者が出そろうことになる。需要が相当量で安定して継続するならば競争者間のすみ分けが進み、各企業間の販売量は安定して推移する。

成熟期には、売上げとともに利益もピークに達する。その後は、売上高が伸び悩む一方で価格引き下げやリベートなど競争上の地位を維持するための支出が増加するので、利益は減少し始める。

成熟期における経営戦略のポイントは、**製品価値の複層化**である。この段階において製品需要は比較的高水準で安定して推移するために、企業経営のあり方を支配するのは基本的に競争者に対する考慮である。競争環境が激化する中で、製品の二次的機能の開発や漸進的な製品改良を中心とした製品差別化だけでは不十分となり、急進的な改良やモデルチェンジといった製品改良が必要となってくる。つまり、売上高の減少という状況を打破するために新しいユーザーを引きつける新たな製品開発や、既存ユーザーの使用量を増加させるような製品特性の変化や新しい特性の付加が必要となるのである。

成熟期における製品改良としては、次の3つがある。

① **品質改良**

耐久性、信頼性、スピード、味などの製品の機能面での向上を目指すものである。この戦略に基づいて新しくかつ改良された製品では、新しい成分や機能が強調された広告表現がよく用いられる。

② **機能特性改良**

新しい機能特性を付加することで製品の多様性、安全性、簡便性という側面を拡大・改良するものである。このような機能特性を加えること

第9章●経営環境の分析

による製品改良は、品質改良とも、次に見るデザイン改良とも異なるものである。

③　デザイン改良

　製品のデザイン的魅力を増加させるものである。すなわち、さまざまな色彩や素材を用いて製品のデザインやパッケージを変えるといった試みである。スタイル改良を通じて、独自の地位を市場で確立することと、これをベースにしたマーケットシェアの安定的な維持が期待される。

（5）衰退期

　衰退期は、製品の総需要が低下していく時期である。製品需要の衰退が起こるのは、多くの場合強力な代替製品が登場し、既存製品の需要を吸収してしまうことが原因となる。また、流行や嗜好の変化によって、消費者の製品に対する関心が薄れてしまうことや、低価格の外国製品が輸入されることなどから衰退期が始まることもある。

　衰退期には売上高が低下し、利益も急速に低下する。企業にとっての市場の魅力度はかなり低下する。したがって、この時期に新たな競争者が市場に参入してくることはまれで、むしろ市場規模の縮小に伴い撤退業者が出始め、競争者の数は減少する。流通段階においても、この製品を取り扱う業者は減少すると考えられる。

　衰退はゆっくりと長期にわたって進行する場合もあれば、急速に進行する場合もある。衰退が急速に進行する場合、企業は市場を再活性化する方策を講じるか、それとも販売中止を速やかに決断することを求められる。

　さきに述べたように、衰退期では売上高と利益は減少していく。それゆえ、多くの企業はより魅力的な製品領域に経営資源を配分するために、既存の製品市場から撤退することになる。また、撤退しなかった企業も生産量を減少せざるを得ない。ただし、汎用化されると、残存者利益を得ることもできる。

　したがって、衰退期の経営戦略のポイントは、製品廃棄あるいは製品

価値の転換となる。製品廃棄は、経営資源を有効利用するために収益の上がらない製品領域から撤退することであり、製品価値の転換は、新たなイノベーションによって新製品を創造し、新たな製品ライフサイクルを企業みずからの手でつくり上げることである。

衰退期における製品政策では、従来の価値から発想を転換し、改めて代替技術の可能性を探り、新しい市場ニーズに目を向けることが求められる。それによって、革新的な新製品の開発や革新的な生産工程の開発による大幅なコストダウンと低価格化、新しいサービスの開発、まったく新しい視点からの既存製品の位置づけなどが期待されるのである

3 顧客分析

マクロ経営環境、製品と市場環境について分析を行った後、最後に行うのが顧客分析である。企業と最も直接的に関係する消費者や顧客の的確な把握は、企業の業績や経営戦略に直接的に関係してくる重要な要素であり、同時に最も把握が難しい環境要素ともいえる。

ここでは、

① 市場細分化(「誰が、製品・サービスを買っているのか」)
② 未充足ニーズ(「何を欲しがっているのか」)

の2つについて見ていく。

(1) 市場細分化

市場において、すべての消費者が同様の特性を持っているとは限らない。年齢、職業、所得、ライフスタイルなど、異なった特性を持つ集団によって市場は構成されている。的確に消費者のニーズに応えられるような製品やサービスの提供を目指すのであれば、市場を細分化して類似した特性を持つ集団を抽出し、その集団に共通のニーズを摘出し、そのニーズに応える必要がある。

全体を大きく1つの市場と考えるマス・マーケティングでは、十分に

第9章 ● 経営環境の分析

ニーズを満たすことができないケースは多い。そのような場合に、特定の集団（セグメント）の特定の共通ニーズを浮かび上がらせようとするのが市場細分化の要諦である。

市場細分化にはさまざまな方法があり、セグメントも無数にある。その代表的な例は以下のようなものである（P. コトラー、1983）。

① 地理的特性

ジオグラフィック（Geographic）要因または地理的要因ともいう。居住している地域により、消費者のニーズは異なる。地理的特性とは、いわゆる「ところ変われば品変わる」といったニーズの変化である。その結果、地域ごとに提供する製品も広告でのアピールの仕方も異なったものとなる。地理的基準としては、地域、都市規模、人口密度、気候などが挙げられる。

② 人口統計学的基準

デモグラフィック（Demographic）要因または人口統計学的要因ともいう。人口統計学的基準には、年齢、性別、世帯規模、家族のライフステージ、所得、職業、教育レベル、宗教、人種、国籍などがあり、これらのうちいくつかを組み合わせて細分化するのが一般的である。

③ ライフスタイルや社会階層

サイコグラフィック（Psychographic）要因または心理的要因ともいう。人口統計学的基準では類似したニーズを持つ集団を抽出できない場合がある。たとえば、同じライフスタイルを持ち類似したニーズを持っている人が高所得者層と低所得者層の両方にいる場合や、同じ社会階層に属しているため類似したニーズを持っている人が高齢者層と若年層の両方にいる場合である。このようなケースでは、ライフスタイルや社会階層による市場細分化が望ましい。社会階層を分類する明確な基準はないが、所得、教育、居住地域、職業、伝統、家柄、人間関係などの複合物として把握すべきである。

④ 行動変数

ビヘイビアサイエンス（Behavior Science）要因または行動科学的要

162

因ともいう。**行動変数**によるセグメンテーションの中でも代表的なものが、追求便益（ベネフィット）による細分化である。

追求便益による細分化とは、たとえば旅行したいと考えている顧客をその購買動機、すなわち「旅行に対して、何を期待しているのか、どのようなことを満足させたいのか」によって、家族旅行、新婚旅行、友達どうしの旅行、買い物旅行、グルメ旅行等のグループに分けることである。

買い物旅行グループは、買い物に金をかける旅行を望む消費者のグループとなり、グルメ旅行グループは食事へのこだわりを持った消費者のグループとなる。

追求便益の代表的なものとしては、次のようなものがある。

1）経済性

　　目的を達成するのにより安い費用を志向すること

2）便宜性

　　より簡便に目的達成を志向すること

3）威信

　　購買することで他人に対する優越感を得る、あるいは自己満足を志向すること

行動変数には、そのほかに、次のようなものがある。

1）購買の機会

　　たとえば航空券を購買する消費者を、定期的な出張で購買するビジネスマン（定期的機会）と、休暇を楽しむためにたまたま購買する消費者（特別機会）に分類する方法。

2）使用者の状態

　　使用する気のない消費者（非使用者）、まだ使用したことはないが使用する意向のある消費者（潜在的使用者）、定期的に購買している使用者（定期的使用者）などの使用状態によって分類する方法。

3）使用頻度

　　少量しか使用しない消費者（ライトユーザー）、大量に使用する消費者（ヘビーユーザー）などの使用頻度によって分類する方法。

4）ロイヤリティ

特定のブランドや企業などへの忠誠度。たとえば化粧品やバッグ、洋服はある特定のブランドのものしか買わないといった場合、そのブランドに対するロイヤリティが高いといえる。

（2）未充足ニーズ

未充足ニーズとは、既存の製品やサービスによって満たされていない顧客のニーズを指す（アーカー、2002、p. 80）。

未充足ニーズが戦略的に重要な理由は2つある。1つは、企業にとってこうしたニーズの発掘はシェアの増加、新規市場参入といった新たな成長機会を提供してくれるからである。もう1つは、そのニーズに気づかない企業との戦略的な差別化が可能となり、その企業との競争において有利な展開が可能となる点である。

しかし、こうした未充足ニーズは、企業にとってはこれまでの製品の制約によって見つけることが難しい。これは、既存の顧客にとっても同様である。未充足ニーズとは、誰も気づいていない潜在的なニーズであり、それを見つけ出すことは容易ではない。しかし、これまでの市場をつくり出すようなイノベーションの多くは、こうした顕在化しないニーズの発掘により達成されているのである。

実際に未充足ニーズを探索する方法としては、次の3つが挙げられる。

① 顧客調査

顧客は未充足ニーズの源泉である。そこで、実際に顧客に対してインタビューやアンケートを行ったり、モニターとして製品テストに参加してもらったりすることで、直接意見を求める方法がある。また、現在ではインターネットが一般的に普及したことから、こうしたネットのツール（掲示板やブログなど）を通じた意見の汲み出しも行われている。

② クレームのモニタリング

企業にとってクレーム（苦情）は扱いたくない問題であるが、同時に顧客からの重要なメッセージとも考えることができる。クレームは、言

い換えれば顧客の満たされていないニーズそのものであり、そこに製品やサービスの改善点が含まれている。高収益企業の多くは、顧客からのクレームを重要な情報源として有効に利用している。

③ クリエイティブ思考

未充足ニーズを発見する試みとして挙げられるのが、**クリエイティブ思考**である。従来からある考え方やフレームワークを一度捨て去り、まったく別のさまざまな側面から可能性を探る試みがクリエイティブ思考の本質である。こうしたこれまでと異なる思考は、既存製品の枠組みを飛び越えた新たな製品カテゴリーや市場をつくり出すことを可能にするような製品を生み出す可能性を秘めているのである。

クリエイティブ思考を実践するための原則として、

① アイデアを簡単に評価しないこと
② 異なった精神的・物理的視点から問題にアプローチすること
③ アイデアを市場においてテストできるような潜在商品として改善できるメカニズムを持つこと

の3つが挙げられる。

第9章 ● 経営環境の分析

第 3 節　経営環境分析と予測の方法

学習のポイント

◆環境分析の具体的なステップは、①環境要因の選定、②情報収集、③環境要因の変化予測、④機会・脅威の抽出、⑤重要経営課題の創出、である。

◆環境分析は、インパクトと緊急性を鑑みて必要な分析を必要な深さまで適切に行うことが重要である。

1　経営環境分析のステップ

　経営環境分析は主に5つのステップに従って進められる（→図表9-3-1）。

　第1のステップは、環境要因の選定である。企業を取り巻く環境要因のすべてを対象として調査・分析を進めることはきわめて非効率である。そこで、企業経営に影響度の高い要因に絞り込むことが必要となる。

　第2のステップは、情報収集である。情報源としては、既存資料、新規調査、外部専門家などが考えられるが、目的に照らし合わせて最も効果的・効率的な方法を選択することが大切である。

　第3のステップは、環境要因の変化予測である。収集した情報をもとにした予測に加えて、独自の判断による変化予測が必要な場合もある。

　第4のステップは、機会・脅威の抽出である。企業にとって成長に対しプラスに作用する変化要因と、マイナスに作用する変化要因を見極め、具体的に設定することが必要となる。

図表9-3-1 ●経営環境分析のステップ

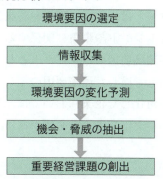

　第5のステップは、重要経営課題の創出である。機会と脅威を評価し、企業経営にとって今後取り組むべき重要度・優先度の高い課題を明確にする。ここで出された重要経営課題は、経営戦略の中に反映されることになる。

2　環境要因の選定

　環境要因の選定とは、扱うべき環境要因を重要なものから順に位置づけを行い、それらをどのように管理するかを決定することである（アーカー、2002、p.150）。つまり、数多くの環境要因の中で、どの環境要因に情報収集や分析のコストを投下するべきなのか、どの環境要因を継続的に監視するか、を決定することである。
　こうした環境要因の選定は、以下のような問題を起こさないためにも重要である。それは、1つの環境要因分析がまた新たな環境要因分析の必要性を生んでしまい、その繰り返しが際限なく続いてしまうことで資源を無駄に浪費してしまう可能性がある、という問題である。そのために、分析すべき環境要因に一定の順位づけが必要となるのである。環境要因選定の基準としては、(1)インパクトと (2)緊急性、の2つが考えられる。

（1）インパクト

環境要因の**インパクト**とは、現在の事業や将来的に行う可能性のある事業に対する潜在的なトレンドや事象に関係する。現在の事業に関しては、影響力の大きさが環境要因のインパクトとして理解されるが、将来的な成長性や影響範囲も考慮した環境要因のインパクトを考える必要がある。また、高度に多角化した企業においては、事業数や事業の関連性からも環境要因のインパクトを考える必要がある。

（2）緊急性

環境要因のインパクトと同様に考慮されなければならないのが、環境要因の変化や発生の**緊急性**である。インパクトが大きい環境要因でも、その発生が遠い将来の場合は特に考慮する必要はないかもしれないが、それより小さなインパクトしか与えないような環境要因でも、いますぐにでも起こりうるものや、頻繁に起こりうるようなものは考慮に値する。

また、そうした環境要因の変化に対応できる時間や経営資源の獲得といった企業側の対応についても考慮する必要がある。すぐに対応できないような環境要因については、インパクトが小さくとも事前に想定する必要がある場合も考えられる。

（3）環境要因分析のマネジメント

図表9-3-2は、以上に見た環境要因の分類を表している。インパクトと緊急性のどちらも低い場合は、特に重点を置いたモニタリングや分析を行う必要はないであろう。インパクトが高く緊急性が低い場合は、いざ環境の変化が発生したときのことを考え、しかしまだ時間はあるので、深く丁寧なモニタリングと分析を行うべきである。逆に、インパクトが低く緊急性が高い場合は、すぐにでもモニタリングと分析を始めなければならないし、常に気を配る必要がある。インパクトと緊急性のどちらも高い場合は、詳細な分析を行うことが重要であり、また不測の場合の対応を具体的なプラン（**コンティンジェンシー・プランニング**）や

図表9-3-2 ●環境要因のカテゴリー

	緊急性 低い	緊急性 高い
インパクト 高い	モニタリングと分析：不測事態対応の代替戦略を考慮	詳細に分析：戦略を立案
インパクト 低い	モニタリング	モニタリングと分析

出所：アーカー（2002）、p. 153

具体的な戦略として立案しておく必要がある。

3 情報収集

環境要因の選定が終われば、次にその要因に関する情報の収集・分析を実施することになる。情報収集・分析は、次の手順により行うのが一般的である。→図表9-3-3

① 調査項目一覧表の作成

図表9-3-4などのフォーマットを利用して、環境要因ごとに主要調査項目、下位調査項目を明らかにし、どの範囲まで情報収集すべきかを

図表9-3-3 ●情報収集・分析の手順

図表9-3-4 ●各種リストの例

調査項目一覧表の例

環境要因	主要項目	下位項目
消費者購買動向	消費者市場	消費者の生活意識、地域的特性、職業別、人口etc.
	消費者行動	商品別購入場所、店舗、SC選択基準 etc.

＊SC：Shopping Center

情報源リストの例

収集情報	資料の名称	資料入手先	摘要
○消費者の生活意識 ○家計消費の変化 ○価値観の変化 ○消費者の年収変化etc.	消費構造変化の実態と展望	政府刊行物センター	総務省統計局

調査計画表の例

	調査テーマ	調査項目	収集先	調査日程		担当者	摘要
既存資料	消費者購買動向調査	消費構造変化の実態	政府刊行物センター				費用

出所：神谷・竹内（1996）

整理する。

② 情報源リストの作成

調査項目一覧表の下位項目レベルを目安として、既存資料の中でそれに対応しそうな情報源を探し出し、そこから入手できる情報内容を明示したものを作成する。情報リストには、情報内容の資料名に加えてその入手先についても調査し、記入する。この段階で外部専門家の活用も有益である。

③ 調査計画表の作成

調査テーマごとに日程、担当者を決めて計画的な調査を進める必要が

第3節●経営環境分析と予測の方法

ある。テーマごとの作業進捗が統一的に進められないと、結果的に調査結果の分析に支障が生じることになるからである。

4 環境要因の変化予測

環境要因ごとの情報が収集されたならば、その情報をもとに将来の変化方向を予測しそれをとりまとめていく。環境予測の技法にはその目的に応じてさまざまなものがある。数量的な予測技法はもちろん、質的な予測技法もある。

機会と脅威の抽出に向けて、環境要因分析の結果の要点をまとめておく必要がある。まとめの方法にはさまざまなものが考えられるが、少なくとも次の3つのポイントは押さえておく必要がある。

① 収集した情報の概要

② 変化予測

③ 影響度の評価

また、その中でも特に変化予測にあたっては、次の3点に留意して進めるべきである。

① 独自の分析を基本とする。

② 複数情報を組み合わせて判断する。

③ 正確な予測よりはトレンドをつかむ。

企業への影響度の評価では、企業内だけでなく、必要によっては専門家の評価を加えながら検討し決定していくことも考えられる。多くの場合、企業内の人間だけで行う調査や評価はバイアスがかかりがちである。そこで、第三者的な視点を取り入れることで、より公正で偏りのない判断が可能になる。

5 機会・脅威の抽出

経営環境要因の変化予測とその企業への影響度が明確になれば、当然

171

第9章●経営環境の分析

それに対する企業の対応方向の検討が可能となる。環境変化は、企業成長に有利に作用する成長機会要因（機会）と不利に作用する成長阻害要因（脅威）とに区分できる。

　経営環境の変化は、一面から見れば成長機会ととらえることもできるし、逆に脅威ととらえることもできる場合が多い。たとえば、消費者ニーズの多様化、消費者のライフスタイルの変化などは、企業の製品開発の多様化、多品種少量生産を促進することになるので、大量生産主体の生産システムが確立している企業では成長阻害要因として受けとめることができる。しかし、逆に多様化に対応した開発体制の早期整備が図れるなら成長機会要因となる。

6　重要経営課題の創出

　環境要因の変化とそれへの対応策は、経営活動のさまざまな側面から抽出することが可能である。対象とする事業領域を変えるような対応策、あるいは設備を大幅に変更するような対応策のように、経営構造の変革を伴う対応策もあれば、既存の経営構造のままで改良・改善を行うことによって対応することのできる方策などさまざまである。しかし、環境変化への対応という視点からすると、結果的に経営構造の変革を伴うレベルの重要経営課題となることが多い。

　重要経営課題の創出では、経営構造の変革を伴うような課題を環境要因ごとの環境分析結果から導き出すことになる。環境要因ごとの変化内容と企業への影響内容を検討しながら、成長機会を活用するためにはどのような経営課題を設定すべきか、脅威に対してどう対処してこれを克服すべきか、という側面から経営課題を創出する。

　課題創出が行われたならば、次にこれらを一定の基準に従って整理する。環境要因ごとに創出された課題は、内容、実行の難しさ、担当部門などに関係なく列挙されているので、重要経営課題の選定・実施段階を想定して整理する必要がある。整理方法としては、経営、営業、生産、

172

人事、財務といった経営機能別にまとめる方法、事業分野別に分ける方法などがある。また、経営課題相互に関連のあるものや、上位レベルに包括してよいものなどはグルーピングを行い、それらを包括した重要経営課題として設定を行う。

第9章 理解度チェック

次の設問に、○×で解答しなさい(解答・解説は後段参照)。

1 経営環境を分析する際には、現在から将来にわたっての企業が直面する機会と脅威を認識すること、環境の不確実性がどの程度かを理解することの2つが重要である。

2 製品ライフサイクルには、導入期－成長期－衰退期の各段階があり、それぞれにおいて適切な経営戦略を策定することが重要である。

3 経営環境分析は、企業を取り巻くすべての要因を対象とし、できる限り綿密かつ広範囲に行う必要がある。

解答・解説

1 ○
環境分析の実質的なアウトプットとして、機会と脅威の認識、不確実性の理解は重要である。同時に、こうした環境理解から今後企業がとるべき戦略シナリオを描くことを常に意識することも、戦略策定プロセスの視点から重要である。

2 ×
製品ライフサイクル・モデルは、製品やサービス市場の段階的な成長から衰退までの一連のプロセスを表し、それは、導入期－成長期－成熟期－衰退期の4段階とされている。

3 ×
企業活動の多くは、利用できる資源が限られた環境で行われ、それについては経営環境分析も例外ではない。限られた資源で的確な環境分析を行うためには、環境の中でも企業に影響度の高い要因に絞り込んでムダのない分析を行う必要がある。

第 10 章

自社能力の分析

この章のねらい

　第9章で見た経営環境の分析は、企業の外部を取り巻く環境要素の分析であった。本章では戦略策定プロセスの次のステップとして、自社がどういった能力を持ち、どういった能力を持っていないか、といった企業の内部を取り巻く環境要素の分析について見ていく。自社能力の分析には、大きく2つの視点がある。1つは、自社の持つ経営資源を定量的・定性的に分析することで的確に自社資源を把握する視点、もう1つは、競合他社の分析を通して相対的に自社の能力を分析する視点である。

　自社能力の分析は経営戦略策定のプロセスにおいて、現在何を持ち、何が不足しているか、不足するものを補うには何をすべきか、といった自社の強みと弱みを把握し、将来的な方向性を明確にするためにきわめて重要である。

第10章 ● 自社能力の分析

| 第 1 節 | 経営資源の分析 |

学習のポイント

◆業績分析には、財務業績を中心とした定量的な分析方法と、顧客満足度やブランド、品質などの定量的に扱えない業績を分析する定性的方法の２つがある。

◆自社資源を可視的に明確に把握するために定量的分析は効果的だが、長期的に自社の資源となりうるものの多くは、定性的な分析が必要なものが多い。

　自社の業績の評価、競合他社の分析を終えると、いよいよ自社の強みおよび弱みを明らかにする段階となる。経営戦略の策定は、外部の脅威と機会に加えて自社の目標、強み、能力に基づいて行なわなければならない。自社能力の分析とは、自社の事業を詳しく理解するために行う分析である。分析については、自社能力および競合他社の動向、関係する外部要因を含めた、図表10-1-1に示すような各ポイントについて細かく検討を重ねる必要がある。

　一般に、自社能力分析は自社の持つ経営資源の定量的分析、すなわち事業の財務業績、収益性と売上げを調査することから始まる。業績が不十分であるか悪化している場合は、戦略の変更が必要なことを示す。悪化していない場合でも、維持、補修、あるいは再活性化を必要とする可能性もある。業績の分析は、特にある事業にどの程度投資するか、あるいは投資を差し控えるかの判断に関係している。

　また、自社の持つ能力には定量的に測ることが難しいものも数多く存在する。たとえば、顧客満足度、製品品質、ブランドイメージ、相対コ

176

第1節 ● 経営資源の分析

図表10-1-1 ● 自社能力の分析

革新性 ・製品技術力あるいはサービスの優秀さ ・新製品開発 ・研究開発 ・特許	・戦略的目標とプラン ・起業家的主眼 ・プラニング／オペレーション・システム ・忠誠心―離職率 ・戦略的意思決定の質
製造 ・コスト構造 ・生産活動の柔軟性 ・設備 ・原材料へのアクセス ・垂直統合 ・従業員の態度とモチベーション ・生産（処理）能力	**マーケティング** ・製品品質に関する評判 ・製品特性／差別化点 ・ブランド認知 ・製品ラインの広範さ―販売システムとしての能力 ・顧客指向 ・セグメンテーション／集中 ・流通 ・小売との関係 ・広告／宣伝スキル ・販売員 ・顧客サービス／製品サポート
財務――資本へのアクセス ・営業活動からの資金 ・買掛等による資金 ・負債や新株発行による資金調達能力 ・親会社の資金供給意欲	
経営 ・トップ経営者と中間管理層の質 ・事業に関する知識 ・文化	**顧客ベース** ・規模とロイヤリティ ・市場シェア ・参入しているセグメントの成長率

出所：アーカー（2002）、p. 106

スト、新製品、従業員能力などを定性的に把握することは、将来の収益性と関連するその他の業績の分析をカバーする。

　自社能力の分析の最終的な目的とは、企業の組織的な強み、弱み、制約を認識し、最終的には強みを生かし、あるいは弱みを補正ないし埋め合わせてその組織にふさわしい戦略を立案することである。

　自社の強みと弱みを摘出し、致命的な弱みに対して手を打つことはもちろんであるが、同時に強みを積極的に伸ばしていくことも重要である。

177

第10章 ● 自社能力の分析

それは、弱みの克服に目を奪われていると経営姿勢が消極的になり、競合他社に遅れをとることにもなりかねないからである。

また、今日の環境変化の激しい状況下において、環境変化への対応だけでなく、積極的に企業側から環境へと働きかけていくことも大切である。この環境への働きかけは、世の中のニーズを発掘し、新たな商品・サービス、新たな事業、新たな事業活動の方法などを提案し、創造していくことである。その際に、自社能力の強みを活用することが重要となるのである。

具体的な自社能力の分析にはさまざまな指標がある（→図表10-1-2）。その中でも重要なものについて、D. A. アーカー等の研究を参照しつつ検討していく。

1 業績分析

企業が保有する経営資源は、第Ⅰ部で見たように、主に次の4つに分類される。

① 人的資源（ヒト）
② 物的資源（モノ）
③ 財務資源（カネ）
④ 情報的資源（ノウハウ、技術力、組織文化、ブランド、企業イメージ、信用など）

こうした経営資源を明確に数値として把握することは難しいが、経営実績としての業績は、言い換えればこうした経営資源の活用結果が数値で表れたものと考えられる。そこで、そうした業績結果を細かく分析することで、実際の経営資源の有無、また活用の有効性や効率性をつかもうとするのが、ここで見る業績分析である。

178

第1節 ● 経営資源の分析

図表10-1-2 ● 自社能力分析の指標

Ⅰ. 業務分析
Ⅰ-1. 過去の戦略整理
　1. 年次別の外部環境整理
　2. 年次別の経営基本戦略
　3. 年次別の投資戦略
　4. 年次別の主要営業戦略
　5. 年次別の人事戦略

Ⅰ-2. 全社（グループ含む）の業績分析
　1. 成長性分析
　2. 収益性分析
　3. 安全性分析
　4. 生産性分析
　5. 統一指標推移

Ⅰ-3. 戦略事業単位の業績分析
　1. 拠点別業績分析
　2. 地域別業績分析
　3. 商品別業績分析
　4. 顧客別業績分析
　5. 事業別評価
　6. グループ企業の格付け

Ⅰ-4. ベンチマーキング
　1. 経営指標比較
　2. 主要競合企業比較

Ⅱ. CI的視点からのイメージ分析
（CI：Corporate Identity）
　1. 業界イメージ分析
　2. 企業イメージ分析
　3. ブランドイメージ分析
　4. 商品イメージ分析
　5. 店舗イメージ分析

Ⅲ. 商品サービス分析
　1. 商品別貢献度分析
　2. 商品力分析

　3. 商品構成分析
　4. 成長性分析

Ⅳ. 営業力分析
　1. 営業資源分析
　　（営業戦力、チャネル提携先）
　2. 営業システム分析
　　（直販、間接販売、通販等）

Ⅴ. 技術力分析
　1. 自社の基盤技術と要素技術
　2. 保有特許と活用度
　3. 商品開発システムと組織
　4. 新商品、リニューアル商品のヒット率

Ⅵ. 各種経営資源分析
　1. 人的資源分析
　2. 物的資源分析
　3. 資金分析（調達手法も含めて）
　4. 知的資源分析（情報、技術、特許）
　5. ネットワーク分析（系列、提携先）

Ⅶ. 組織力分析
　1. 環境適応力分析
　2. 戦略推進力分析
　3. グループ統合力分析
　4. 組織活力と意識調査

Ⅷ. 経営システム分析
　1. 戦略的意思決定
　2. 管理システム
　3. オペレーションシステム
　4. 教育システム
　5. イノベーション
　　（業務改革、新システム設計）
　6. インキュベーション
　　（新事業別の創出と育成）

出所：丹羽（2007）、p.99

2	財務業績

アーカー（2002）は、自社能力の分析として、財務業績などの定量的分析とブランドなどといった定性的分析の2つを挙げている。ここではそれらを整理し、その内容を概観する。

最初に挙げられるのが、定量的分析に基づく業績分析である。この場合、特に指標として用いられるのが財務的指標である。注目すべき財務業績指標としては、以下の3つが挙げられる。

（1）売上げ－収益性

自社能力分析は多くの場合、現在の最も単純な財務要素の分析、つまり売上げと収益性の確定からスタートする。これらの指標は、これまで実行してきた経営戦略の評価として有効な指標である。また、売上げと収益性は少なくとも明確であり、容易に測定が可能である。その結果、業績評価の指標としてきわめて広範に利用されている。

（2）売上げ－シェア

自社の製品やサービスが市場にどう受け入れられているかを測定する指標が、売上げや市場占有率（マーケット・シェア）である。顧客にとっての自社製品の価値が変化すれば、これらの指標に明確に変化が現れる。シェアの増加は、その後の戦略展開に大きな影響を与える。シェアが増加することで生産量を増加させ、規模の経済性や経験効果を得られる可能性が高まる。

一方、売上げ－シェアを指標として利用する際の注意点は、これらの指標が短期的な広告活動やキャンペーンなどに大きく左右されてしまう点である。こうした短期的要因に影響されないように、測定する際に考慮する必要があるであろう。

第1節 ● 経営資源の分析

（3）収益性

　総資産利益率（ROA：Return On Assets）などの収益性指標は、業績指標としてきわめて重要である。利益はすべての企業活動の源泉であり、それなくして企業経営は成り立たない。

　しかし、ROAを考えた場合、その算定に含まれる要素を決定することは難しい。なぜなら、次に見る定性的な資産の価値をどのようにROAに反映させるか、という根本的な問題を抱えるからである。

3　定性分析を含む業績指標

　自社能力分析を行ううえでの大きな問題の1つが、長期的な見通しによる業績指標をいかにつくり出すかという点である。実際、多くの企業の核となる経営資源は、短期的に手に入れることが難しい。こうした資源に対していかに長期的視点から投資を行っていくかは、企業にとって重要な意思決定の1つである。

　長期的な存続可能性や健全性を表す業績指標を考える際には、現在および将来の戦略ならびにそれらの持続可能な競争優位の源泉となる経営資源に焦点を当てるべきである。多くの場合、こうした競争優位の源泉となる経営資源は目に見えてこない顧客満足度やブランドロイヤリティ、製品やサービスの品質、ブランドや企業のイメージ、新製品開発活動、さらに経営者や従業員の能力と力量などを含んでいる。そのため、これらをいかに顕在化させ数値として把握するかが重要となってくる。

（1）顧客満足度とブランドロイヤリティ

　多くの企業にとって、現在自社の製品やサービスを購入してくれている顧客のブランドロイヤリティは重要な資産である。しかし、その一方で、こうしたブランドロイヤリティは些細なきっかけで簡単に失いかねない非常に繊細な側面を持つ。したがって、顧客満足度とブランドロイヤリティの指標をもとに、市場動向や顧客動向を的確に判断する必要が

181

ある。

顧客満足度やブランドロイヤリティの指標を測定する際に注意すべき点は、以下の4つである（アーカー、2002、p. 165）。

① 購入するブランドや企業を変えることを顧客に動機づけてしまうような問題や不満の原因を突き止める。

② 企業にとって洞察に富む情報は、実際にブランドや企業を変えた人からもたらされることが多い。したがって、そうした顧客へのインタビューは得るものが多いので行うべきである。

③ 好まれていることと単に不満がないということでは大きな違いである。本当にそのブランドや企業が好きだとする顧客グループの規模と強さを調査の対象にしなければならない。

④ 指標は長期間継続的に測定され、競合相手のものと比較されることが必要である。指標の時系列的な変化と競合との相対的な比較が、最も重要となる。

（2）製品とサービスの品質

製品とサービスの品質は、競合他社のものと同様に、顧客の期待やニーズとも比較されなければならないし、その比較は客観的かつ批判的でなければならない。多くの企業が、自社の製品やサービスを自己判断的に理解し、売上げが伸びていることが顧客のニーズに応えていること、他社製品に勝っていることと判断してしまいがちである。しかし、それゆえ、顧客の潜在的なニーズや代替的製品の出現の可能性を見逃してしまうのである。

製品とサービスの品質は、長期間測定できるいくつかの要素に基づいて判断できる。製造事業においては、欠陥や仕様書に則った性能、耐久性、修理可能性などを測定できるし、サービス事業では待ち時間、処理の正確さ、顧客サービスの質などが挙げられる。こうした測定と分析を日常的に行っている企業は、基本的な製品欠陥を抱えている企業とはまったく異なる経営を行っていると見てよいであろう。

（3）ブランドイメージと企業イメージ

　ブランドとは、顧客がその企業に持つイメージによって構成される。これらのイメージは企業が思っている価値やイメージとは大きく隔たりがあることはよくあり、そのためにも自社の持つブランドイメージがどういったものかを把握することは重要となる。

　ブランドイメージや企業イメージを具体的に測定するためには、顧客へのインタビューや顧客サンプルへのアンケート調査等が一般的であるが、現在では、インターネットなどのITを利用した顧客からの意見の吸い上げなども積極的に行われている。

（4）新製品開発活動

　企業は常に顧客に向け新たな製品やサービスを提供する必要がある。新製品開発活動の評価は、こうした顧客への価値の提供を適切に、継続的に行えているかどうかを把握する指標を必要とする。

　新製品開発の代表的な指標が特許取得件数である。特許をより多く取得している企業は、その特許技術による製品開発はもちろん、他社がその技術を使わざるを得ない場合、特許使用料をその企業から得ることができる。それにより、自社の技術を容易に利益に転換できる。また、製品化に要する時間も新製品開発のもう１つの重要な指標である。他社に先んじて製品やサービスを市場に投入できれば、先行者優位性を築くことが可能になるし、それによる新たな顧客の獲得も可能となるのである。

（5）経営者および従業員の能力と力量

　企業活動を支えているのは、従業員であり、また意思決定を司る経営者である。こうした人々がどの程度の能力と力量を持ち、日々の経営行動を行っているかは、企業の業績に直接的に影響してくる。

　経営者および従業員の能力と力量を測定する際には、人事採用だけでなく、その後の教育や成長についても長期的な測定が必要である。そのためには、適切な教育制度と並んで、インセンティブシステムやモチベ

ーションの測定、従業員満足度などを従業員に向けたアンケートやグループディスカッションなどで調査し、測定しなければならない。

 Column　コーヒーブレイク

《新製品開発活動と特許》

　新製品革新の1つの指標として、本文では特許取得件数を挙げている。実際、ビジネス機器メーカーのIBMは1990年代を通してすべての産業におけるどの企業よりも多くの米国特許を取得しており、その件数はキヤノンなどの研究開発型企業を大幅に上回るものとなっている。さらに、IBMはこうした特許技術を生かした製品を市場に出すことに関しても好成績を収めている。その一方で、現在のパソコンのほとんどが準拠する規格であるPC/AT互換機と呼ばれる規格はIBMが開発し、その仕様を公開することによって現在の莫大な家庭用コンピュータ市場を可能にした。このことからわかるように、IBMなどの研究開発型企業にとって重要なのは、ただ単に特許を取得し技術的な優位性を保つだけでなく、その技術を市場に公開することで市場や需要を喚起するようなオープンな戦略を策定することであり、そのタイミングを的確に把握することであるといえよう。

第2節 ● 競合分析

第 2 節 競合分析

学習のポイント

◆競合分析で重要となるのは、成功要因や業界の競争構造、業界内でのポジショニング、コスト構造、業界トレンドといった競合とそれを含む業改全体の構造把握である。
◆業界構造を分析する際には、新規参入業者、業界内の競合企業、代替製品、売り手（供給業者）、買い手（顧客）の5つの要因を分析する。

　競合分析では、KSF（Key Success Factor＝カギとなる成功要因）の把握、業界の競争構造の把握、コスト構造、業界のトレンドを把握し、これらの側面から競合他社に比較した自社の強み・弱みを抽出することが重要である。

1　KSFの把握

　競合分析でまず重要なことは、その業界でのKSF、すなわちカギとなる成功要因を把握することである。カギとなる成功要因とは、業界内での競争に勝ち、企業が成長していくうえで必要とされる経営資源のことであるが、これは取り扱っている製品やサービスあるいは買い手の性質によって業界ごとに異なってくる。
　たとえば、素材に関する産業を見ると、低コストを実現できる大規模な製造設備、常に最新の技術を生産に適用できる柔軟性などを考えることができよう。また、同じ業界であっても、競争要因によっていくつか

185

のグループに分けられることもある。たとえば、ホテル業であっても高度に教育訓練された従業員による高級サービスによる競争グループもあれば、全国に張り巡らされたネットワークによる利便性で競争するグループもある。また、均質なサービスを低コストで供給できる低コスト・オペレーションで競争するグループもある。

　自社が競争している市場でどのような要因が競争上重要なのかを知り、それに対する自社の持っている強みとの適合あるいは弱みの克服につなげることが、長期的に競争に勝ち続けるためには不可欠となる。

2　業界の競争構造の把握

　業界の競争構造は、図表10-2-1に示す業界の競争を決める新規参入業者、業界内の競合企業、代替製品、売り手、買い手の5つの要因によって決まる（ポーター、1995）。

図表10-2-1 ●業界構造を決める5つの要因

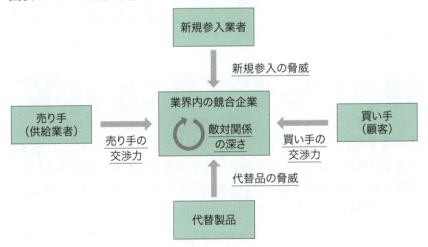

第2節●競合分析

（1）新規参入の脅威

新規参入の脅威は、新規参入業者が参入しやすいかどうかを表す参入障壁によって決まる。参入障壁が低く新規参入が容易であれば、競争は激しくなる。参入障壁には、

① 巨額の新規参入投資

鉱業、自動車などの業界は大きな投資を必要とし、それに伴うリスクが高いため、新規参入を阻止する

② 規模の経済性

規模が拡大するにつれて平均コストがかなりの水準で低下する業界では、新規参入者は最初から大量生産に踏み切らざるを得ず、結果的に投資リスクを高める

③ 流通チャネル・供給チャネルの確保

流通チャネルが既存企業によって独占化されていれば、新規参入業者は新たに流通チャネルをつくったり、独占化したチャネルを奪い取ったりするために多くの投資が必要となる。同じことが、原材料の供給チャネルにもいえる

などがある。

（2）業界内の競合企業

狭義の競争環境である。一般に同程度の規模の企業がひしめいている場合、供給過剰な場合に競争が激化する。また、撤退が難しい業界においては、いったん競争が激化すると、緩和しにくい状況に陥ることが多い。

（3）代替製品の脅威

代替製品とは、消費者のニーズを満たす既存製品以外の新製品である。たとえば、電話機は現在、スマートフォンによって代替され、収益を下げている。また、古くはマッチやカセットテープなども代替製品の脅威によって大きな影響を受けたものの典型的な例といえる。

第10章 ● 自社能力の分析

（4）売り手の交渉力

売り手（部品や原材料などを仕入れている供給業者）が強い交渉力を持つ場合、収益は低くなる。売り手が強い交渉力を持つのは、売り手側の業界が寡占業界であったり、あるいは独占的技術を持っているという場合である。このような場合、買い手は高い価格を受け入れざるを得ない。

（5）買い手の交渉力

買い手（顧客、ユーザー）の力がきわめて強いと、売り手はぎりぎりの値引きを要求され、収益が上がらない。一般に、強大な購買力を持ったプレーヤーに対して販売を行っている企業は、大きな収益を上げることは難しい。

3 ポジショニング分析

自社がその業界においてどのような立場にあるのかを認識し、それに合致した戦略を策定することは、戦略を立案するうえできわめて重要である。そのための業界分析のツールとしてポジショニング分析がある。第4章でも解説したが、ここで自社能力の分析の視点から再掲しておく。

（1）リーダー

リーダーとは、業界において市場シェアも大きく経営資源も高い企業である。自社がこのポジションにあるならば、自社製品にこだわらず、同様な製品の市場全体の拡大を図ることが必要である。その市場が成長すれば、シェアが高いので自然と自社製品の売上げが増大する。

（2）チャレンジャー

チャレンジャーとは、業界で2位・3位のシェアを持つが、全面的な経営資源ではリーダーに及ばない企業である。全分野でリーダーと競争したのでは負けてしまう。しかし、自社の得意な分野に限定して、そこ

188

第2節●競合分析

に経営資源を集中すれば、その分野だけではリーダーよりも強いので競争に勝つことができ、その分野ではリーダーになることができる。そして、それをテコとして、将来は全面的なリーダーになることを目指すのが戦略となる。

（3）ニッチャー

ニッチャーとは、経営資源の量が乏しくシェアも低いが、限られた狭い分野では非常に優れた技術を持つ企業である。ゆえに、リーダーやチャレンジャーがあまり興味を持たない分野に経営資源を集中させるのが戦略となる。

（4）フォロワー

フォロワーとは、経営資源も乏しく特に優れた技術も持たない企業である。そのような企業では、リーダーやチャレンジャーが成功した路線を模倣することで利益を上げる戦略が有効となる。

こうした自社が活動する産業内の競争構造を理解し、自社がどの位置にいるのかを理解することで、戦略の選択肢が限られてくる。

189

第10章 ● 自社能力の分析

| 第 **3** 節 | 自社の強みと弱み |

学習のポイント

◆自社能力の分析から見た経営戦略の策定とは、自社の強みを
競合相手の弱みにぶつけ、競合相手の強みを持つ領域での競
争を避けることにある。

　競合他社の強みと弱みについての知識は、自社能力についての重要な
洞察となり、戦略代替案を認識あるいは選択するプロセスに対する重要
なインプットとなる。

　経営戦略の立案に際しては、自社が既存あるいは構築中の強みを持っ
ている領域において、競合相手の弱みを利用することである。競合相手の
弱みに自社の強みをぶつける戦略の立案が望ましい。反対に、競合相手の
強みに関する知識は、それを回避するか、無意味にするために重要となる。

　自社能力の強みと弱みの評価は、その産業における重要な資産と能力
の認識から始まり、それらの資産と能力に基づいて競合相手および自社
の評価をしていくことである。自社能力の強みと弱みは、資産または能
力の存在あるいは欠如に基づいている。よく知られたブランドや好立地
のような資産は強みとなりうるし、強力な宣伝プログラムの企画力のよ
うな能力も同様である。反対に、資産や能力の欠如は弱みとなる可能性
がある。

　したがって、自社ならびに競合相手の強みと弱みを分析するために、
その産業における重要な資産と能力を認識することはきわめて重要であ
る。そのためには、まず第9章で見た外部の環境分析を綿密に行う必要
があることはいうまでもない。

190

第10章 理解度チェック

次の設問に、○×で解答しなさい（解答・解説は後段参照）。

1 | 企業の経営資源の分析は、主に業績指標を用いた定量的な分析によるものであり、定性的な曖昧な指標を用いた分析は行わない。

2 | 新規参入のしやすさの目安として、参入障壁の高さが挙げられる。参入障壁は、主に規模の経済性やチャネルに関する参入投資の大きさによって決められる。

3 | 自社の強みとは、カネやモノなどの資産よりも、むしろ人や情報、知識といった目に見えない資産によって支えられている場合が多い。

第10章 ● 自社能力の分析

第10章 理解度チェック

解答・解説

1 ×
業績指標を用いた定量的分析は、経営資源の分析の重要な柱の1つであるが、それだけでは短期的な業績の分析に集中してしまい、長期的な視点での分析がおろそかになる可能性がある。そこで、顧客満足やブランドといった定性的な要因の分析が重要となるのである。

2 ○
重工業などにおいては、新規参入の際に工場投資や流通販売チャネルの確保、さらには創業時から価格を引き下げるために一定数以上の生産を確保しなければならないことから、莫大なコストがかかる。そのことは、新規参入を減らす結果となり、既存の企業にとっては有利に働く。

3 ○
企業の強みの多くは、企業の持つ潜在的な資産に支えられていることが多い。特に、経営に関する強みは、企業全体のコントロールや構成員の動機づけに関するスキル、企業の持つ文化といった顕在化しない隠れた資産による強みである。

第 **11** 章

経営資源と
機会・脅威との競合

この章のねらい

　第9章、第10章で見てきた経営環境分析（外部分析）と自社能力の分析（内部分析）の目的とは、それらをもとに企業が持続的な成長を可能にするための経営戦略を策定することである。企業が持続的な成長をしていくためには、どういった成長方向に資源を投入していくかが重要となってくる。本章では、その成長方向を製品と市場の2つの軸から考えた製品市場マトリックスをもとに考えていく。

　経営戦略とは、「将来志向的な構想」であるから、この成長の方向性を定めることは経営戦略においてきわめて重要な意思決定といえる。そこで、自社の持つ強みや弱み、そして競合の動向、市場環境や技術動向など企業内外の詳細な分析とともに、近視眼的な短期の目的の達成ではなく、長期将来的な成長方向の選択をすることが望ましい。

第11章 ● 経営資源と機会・脅威との競合

第 1 節 市場浸透戦略

学習のポイント

◆市場浸透戦略とは、既存の製品や市場でのさらなる成長を求める戦略である。

◆市場浸透戦略において企業がとるべき方策としては、マーケットシェアの拡大と需要規模拡大の2つが考えられる。

　資本主義経済における企業、特に株式会社に課せられた第一義的使命は、持続的な成長である。実際の経営においては、技術的に未熟なため技術的知識を蓄積するために利益の出ない事業を維持する場合など、成長を前提としない計画が作成されることもあるが、そういった事業ばかりで企業が構成されていると、長期的に企業が生存することは困難になる。全体として衰退分野を補う成長領域を持たなければ、組織は衰退してしまう。したがって、成長という目標は企業の健全性を維持するだけでなく、企業にとって不可欠なものなのである。

　製品市場マトリックスでは、企業が経営活動の目標とする製品分野が既存なのか新規なのか、さらに目標とする市場が既存なのか新規なのかによって、成長の方向性を4パターンに分けて考える（アンゾフ、1965）。この分類を示したものが図表11-1-1である。

　既存の製品や市場が魅力的な成長方向となることは多い。企業にはすでにその市場における地位や存在感を有し、経営そのものにも勢いがある。さらに、企業は多くのノウハウを持っており、人的資源や情報的資源を中心に必要な経営資源はすでに備わっている。そうした既存の経営資源を活用し、さらに既存の市場で既存の製品やサービスを展開してい

194

第1節 ● 市場浸透戦略

図表11-1-1 ● 製品市場マトリックス

		製品	
		既存製品	新規製品
市場	既存市場	"市場浸透"	"製品開発"
	新規市場	"市場開発"	"多角化"

出所：アンゾフ（1965）、p. 109

くのが**市場浸透戦略**である。市場浸透戦略において企業のとるべき主要な方策としては、①マーケットシェアの拡大、②需要規模の拡大、の2つが考えられる。

（1）マーケットシェアの拡大

成長するための最も明確な方策は、マーケットシェアを拡大することである。もっとも、広告や販売促進、低価格化によって、シェアを拡大することはできる。問題は、そのような方法によってシェアを獲得した後に、それを維持することが難しいところにある。そのために必要なのは、自社に持続可能な競争優位を生み出すか、あるいは競合他社の持続的な競争優位を打ち倒すか無効にしてしまうことである。

したがって、1つの成長戦略として考えられるのは、持続的な競争優位の基礎となる経営資源をこの段階で集中的に開発することである。防衛上からいえば、競合他社の持続的競争優位に貢献している自社の弱みをなくしたり減らしたりすることに集中するやり方である。

（2）需要規模の拡大

需要規模を拡大させるには、
① 使用頻度を増加させる
② 1回の使用量を増大させる
③ 新たな用途を提案する

195

などの方法が考えられる。

①　使用頻度を増加させる

　使用頻度を増加させるには、主にライフスタイルの変化を提案することで、通常は使わないタイミングでの製品の使用を喚起することである。

②　1回の使用量を増大させる

　たとえば、ファストフード店であれば価格設定、販売促進のインセンティブ、セットなどのメニュー構成などによって消費者の1回の購入量を大きくすることが可能である。保険会社であれば、更新決定が行われるとき保険金額を大きくすることもできる。

　量を増やす戦略をとる場合には、どの程度の量が妥当なのか、現在どの程度の量が利用されているのか、そして平均量を増大するのに必要なコストと可能性を明らかにする必要がある。

③　新たな用途を提案する

　新たな用途の提案の例としては、携帯電話が挙げられる。携帯電話は当初は屋外での通話が主な用途であったが、現在ではそれ以外のメールやインターネット、SNS（Social Networking Service）やゲームといったコミュニケーションツールとして利用される頻度が増大してきている。

　新たな用途の提案は、消費者がその新たな用途を抵抗なく受け入れてくれなければ成功しない。成功は、そのような条件を満たす望ましい新用途をいかにして発見できるか、にかかっている。そのためには、消費者が実際にその製品をどのようにして利用しているかを日ごろから注意深く観察することが必要である。

第2節 製品開発戦略

学習のポイント

◆製品開発戦略とは、企業が現在活動する既存市場や顧客に、新たな製品を投入する戦略である。
◆この戦略のためには、既存の市場や顧客が何らかの新規性を感じる製品の開発ができるかどうかが重要となる。

既存市場の顧客に対して新規製品を売り込む製品開発戦略は、その新製品の性格によっていくつかに分けることができる。すなわち、新たに導入する製品の技術的新規性、あるいは顧客にとっての果たすべき機能の新規性によって、次の4つに分けることができる。

① 製品特徴の追加
② 製品ラインの拡張
③ 新世代製品の開発
④ 既存市場に向けた異質な新規製品

(1) 製品特徴の追加

製品特徴の追加は、顧客が求めているいくつかの特徴を既存製品に追加することである。たとえば、自動車のマイナーチェンジのように既存製品を改良することがこれに当たる。

(2) 製品ラインの拡張

製品ラインの拡張とは、顧客にとって同様の機能を果たし技術的にもそうかけ離れたものではないが、異なった種類の製品を追加することで

ある。自動車の新車種（たとえば、RV（Recreational Vehicle）カー）の追加がこれに当たる。

（3）新世代製品の開発

　新世代製品の開発とは、顧客にとって同様の機能を果たすものであるが、技術的には既存と異なるものが必要な、より進んだ製品を開発することである。カメラメーカーやフィルムメーカーがデジタル技術の開発に力を入れているのは、この表れである。

　新世代製品の開発を怠らないことは、その新技術応用製品で既存製品市場を奪い取ろうとする新たな競合企業の出現を予防し、既存顧客をつなぎ止めておくことができるという効果がある。

（4）既存市場に向けた異質な新規製品

　既存市場のための異質な新規製品は、顧客にとっての機能も技術も既存製品とはほとんど共通性のない新規製品を、既存顧客に売り込もうとするものである。たとえば、家電量販店が有名ブランドの服飾品や時計を販売するような場合がこれに当たる。

　このような製品開発による成長方向を志向することで、いくつかの事業分野や機能分野で、既存製品部門とのシナジーが発揮されることが期待できる。たとえば、これまで利用していた流通機構がほぼそのまま利用できる、あるいは、既存顧客の自社に対する信頼やブランドといった見えない経営資源を活用できるなどが考えられる。特に、製品特徴の追加や製品ラインの拡張であれば、生産設備や研究開発能力が共有できるメリットがある。したがって、自社能力分析により把握した自社の強み、弱みをいかに活用するか、あるいは克服するか、の視点が必要となる。

第3節 市場開発戦略

学習のポイント

◆市場開発戦略とは、これまで企業が製造してきた既存製品を
まったく新しい市場や顧客に投入する戦略である。

◆市場開発戦略のポイントは、顧客セグメントや市場セグメン
トをどのように再編するかにある。

　市場開発の成長方向は、自社がこれまで他の顧客に販売していた製品
を、いままで購買していなかった顧客に売り込もうとするものである。
すなわち、顧客セグメントの再編がポイントになる。

　この市場開発戦略の代表的なものが地域的な拡張である。地理的な制
約でこれまで販売対象としていなかった地域に販売網を広げるというこ
とである。たとえば、ある地域に限定して展開していた小売業が、他地
域へと店舗展開するのは、この地域的拡張の代表例である。また、近年
では欧米企業や日本企業の、主にアジア地域への進出が目立っている。
こうしたいわゆる企業のグローバル化も、新たな市場開発を目的とした
企業戦略の1つであるといえよう。

　また、同一地域を対象にしても異なった市場セグメントへと拡張する
場合もある。たとえば、異なった価格やサービスあるいは利用しやすい
流通チャネルの利用などを通じて、いままでその製品を購買していなか
った顧客層に販売対象を広げることが挙げられる。高級ブランドが、若
年層に対して価格を落としたサブブランドを通じて商品展開を行ってい
くことなどは、典型的な別セグメントへのアプローチである。

第11章 ● 経営資源と機会・脅威との競合

第4節 多角化戦略

学習のポイント

◆多角化戦略とは、既存製品との関連がない製品を、まったく
新しい市場に投入する戦略である。
◆多角化戦略は、シナジーを期待できるが、一方で安易な多角
化は企業の存続すら危うくする可能性もある。

1 多角化

これまでの製品と技術的に関連がない新規製品を、これまでとはまっ
たく異なる市場をターゲットとして事業展開をするのが多角化戦略であ
る。多角化には、それまでに蓄積してきた経営資源を活用するタイプの
関連多角化と、そのような共通性をほとんど持たない非関連多角化とが
ある。→図表11-4-1

多角化事業を展開するためには、多くの場合M&Aや社内ベンチャー
などが活用される。また、企業の多角化の誘因となるものとしては、遊
休経営資源の有効活用、既存事業の将来の衰退に備えたリスクヘッジ、
あるいはイメージの向上などがある。

非関連多角化の場合、シナジーや自社の経営資源を活用できない場合
が多い。何らかの理由で高い収益性が得られる、あるいは将来有望な事
業が相対的に低価格で買収できる、事業ポートフォリオに組み込むこと
で全社的なリスクが軽減されるなどの財務的な目的による進出が多い。

200

第11章●理解度チェック

第11章　理解度チェック

次の設問に、○×で解答しなさい（解答・解説は後段参照）。

1. 市場浸透戦略において、マーケットシェアを拡大するには広告や販売促進、低価格化などによって顧客の認知度を上げることが最も重要である。

2. 製品開発戦略には、既存製品に付加価値を追加するという製品改良による市場拡大戦略も含まれる。

3. 企業の海外市場への進出や商圏の拡大などは、市場開発戦略の一環である。

4. 多角化戦略の多くは、既存事業との関連、非関連にかかわらずシナジーを期待できるため、積極的に展開するべきである。

第11章 理解度チェック

解答・解説

1 ×
マーケットシェアの拡大のためには、顧客認知の度合いを高めることは重要であるが、実際にそのような方法でシェアを拡大しても、その後そのシェアを維持することは難しい。むしろ、より本質的な競争優位の源泉たる経営資源の構築を長期的な視点から考慮することのほうが重要である。

2 ○
製品開発戦略には、製品特徴の追加、製品ラインの拡張、新世代製品の開発、異質な新規製品の開発の4つの方策があり、これは製品特徴の追加に含まれる。多くの企業は、こうした改良を繰り返すことで新たな顧客の獲得を目指している。

3 ○
市場開発戦略は、既存の製品を新たな顧客セグメント、市場セグメントに投入する戦略である。国や地域といった物理的な市場セグメントのほかにも、別の世代層や性別などの顧客層に関する別の顧客セグメントへの製品投入もこの市場開発戦略に含まれる。

4 ×
多角化の中でも、非関連多角化に関してはシナジー効果や既存の経営資源の活用を期待できない場合が多い。むしろ、M&Aの機会利用やリスクヘッジといった財務的要因が大きいと考えられる。

第 III 部

経営戦略に関する
基礎知識

第 **12** 章

組織マネジメントに関する基礎知識

この章のねらい

　経営戦略はその性格から見てもわかるように、多岐にわたり複合的な視点から策定されなければならない。そのためには、経営組織や財務、マーケティングなど、さまざまな分野の研究を理解し、活用する必要がある。

　本章ではまず、特に経営戦略の実行において密接な関係がある組織マネジメントについて概観していく。ここで取り上げるのはモチベーション、コミットメント、そしてコンフリクトである。

　策定された経営戦略を実際に現場で遂行していくのは、そこにいる人である。その人が、どのように動機づけられ、また組織に積極的に関与していくのか。そして、その経営の現場でどのような葛藤が発生するのか。本章で見ていく組織マネジメントは、まさにそうした経営戦略の実践においてきわめて重要となる。

第12章 ● 組織マネジメントに関する基礎知識

第 1 節 組織・人事制度の必要性

学習のポイント

◆組織とは、協働のために意図的に調整された複数の人間から
なる行為システムであり、その本質は協働にある。
◆人事機能とは、企業を構成する人のマネジメント機能であり、
具体的にはインセンティブ・システムと人の配置と育成を担
う機能である。

　経営とは、「戦略を立てる」「組織をつくる」「人を動かす」という３つ
の体系からなる複合的な活動である（坂下、1992、p. 11）。経営戦略を策
定した後に、それが実際に実行されるのは組織活動を通じてであり、ま
た実際に活動を行うのは、組織メンバーとしての人である。つまり、戦
略と組織、人は車の両輪のように相互に作用し合い、実際に活動するこ
とができるのである。ここでは、経営戦略における組織マネジメントお
よび人事制度を含めた人事機能の重要性について検討していく。

1　組織マネジメント

　経営戦略とは、変化する環境に有効に適応することであり、いうなれ
ば企業の対外的マネジメントということができる。一方、環境への有効
な対応のためには、自社能力、つまり企業の内部分析が欠かせない。そ
して、この自社能力のマネジメント、対内的なマネジメントこそが、組
織マネジメントである。
　企業は環境との取引関係の中から付加価値を生み出すことによって生

208

存し、成長を続けることができる。この余剰の付加価値を生み出す基本となるのが、経営資源である。さきに見たように、経営資源は①人的資源、②物的資源、③財務的資源、④情報的資源、の4つに分けられる（→第5章第3節）。これらの資源を有効に活用し、余剰の付加価値を生み出すためには、一定の戦略をもとにした資源の組織化が必要である。この経営資源の組織化が、組織マネジメントの基本的な課題である。

組織マネジメントにおける課題は数多く存在するが、大きくは以下の6つに分けられる。

（1）分業と調整（組織構造）

分業と調整とは、組織を構成する人員や部署がそれぞれどのような仕事を担当するか、分業するかの大筋を決定し、分担した仕事をいかに調整するかの枠組みを決定することである。このような分業と調整の枠組みを組織構造と呼ぶ。組織構造は規則やマニュアルとして明文化されている場合もあれば、仕事をしていくうちに自然とでき上がっていくような自然発生的なものもある。

（2）インセンティブ・システム

組織構造で何をすべきかの大筋を決めた後に必要となるのが、その仕事を組織構成員に熱心にやってもらうための動機づけをどう与えるかという問題である。そのために必要となるのがインセンティブのしくみである。つまり、仕事をより熱心にやり成果を出してくれれば、それに見合った報酬を与えるという約束である。これについては、本節 **2** の人事機能の説明において詳しく見ていくこととする。

（3）計画とコントロール

さきに見た経営計画や戦略計画は、同時に組織マネジメントにおいても重要な計画やコントロールの基礎になるものである。組織マネジメントにおける組織構造やインセンティブ・システム、計画とコントロール

のしくみは組織構成員が協働するための重要なしくみである。しかし、これだけでは組織マネジメントの見える部分を提示したにすぎない。次に見ていく3つの課題は、まさに組織マネジメントの目に見えない部分に相当するものである。

(4) 組織文化

　組織マネジメントの目に見えない課題の第1が、職場の風土、雰囲気、文化といわれるものである。共通の価値観や理念、行動規範や共通のものの見方や考え方がそれに当たる。この組織文化は経営のしくみを補完する重要な役割を担っている。

　さきに見たように、組織文化にはトップマネジメントの哲学や経営理念が強く影響している。この意味からも、経営理念はまさに経営そのものを直接・間接的にまとめ上げる中心的なものであることがわかるであろう。

(5) 人の配置と育成

　インセンティブ・システムに関係して、人をどういう仕事や地位に配置するかという課題は、経営の効率性の問題だけでなく、今後その人をどう育てていきたいか、ひいては企業をどの方向に進めていきたいのか、そのためにどういった人材を育てるべきか、という長期的な視点での人材育成の問題とかかわる非常に重要な課題である。これについては、本節2の人事機能の説明において詳しく見ていきたい。

(6) リーダーシップ

　組織マネジメントの目に見えない部分、そしておそらくはすべての経営者、また組織をマネジメントする立場の人にとって最も重要かつ悩みの尽きない課題が、リーダーシップであろう。組織マネジメントのしくみや組織文化は、それだけではうまく機能しない。機能させるためには、トップマネジメントやリーダーの行動が必要となってくる。具体的な指

第1節●組織・人事制度の必要性

示を与えたり、社員を鼓舞したり、成功したら誉め、失敗したら注意し、手を抜いていたら叱責する。こうした行動が、仕事を成し遂げ、かつ将来のための職場の活力をつくるために必要なものなのである。

　組織とは、協働のために意図的に調整された複数の人間からなる行為システムであり、その本質は協働にある。マネジメントとは「支配」や「管理」と訳されるが、組織マネジメントの本質は人々の協働的努力の条件の形成と維持にある。それを行うのが、トップマネジメントやそれを支える経営戦略部門の役割なのである。

2　人事機能

　変化する環境の中でそれに適合する戦略を立て、戦略に合った組織構造をつくれたら、残された課題は、いかにして人を動かすかということである。この「人を動かす」というマネジメント活動は、企業活動の中ではある意味で最も重要な活動である。なぜなら、企業の業績や成果、つまりは経営戦略の結果や成果は、直接的にはその企業を構成する「人」を通じて顕在化するものだからである。

　こうした人をマネジメントする機能が人事機能である。人事機能は、さきに見た組織マネジメントの中のインセンティブ・システム、人の配置と育成に深くかかわっている。

(1) インセンティブ・システム

　組織を構成する人々の欲求はさまざまである。金銭的報酬を求める人もいれば、仲間、権力、地位、仕事のおもしろさを求める人など、さまざまである。こうした人々の欲求を満たすためのインセンティブをどう設計すればよいか、これは経営戦略の重要な課題である。

　組織が与えられるインセンティブは、大別すると以下の5つに分けられる。

　①　物質的インセンティブ

211

第12章 ● 組織マネジメントに関する基礎知識

② 評価的インセンティブ

③ 人的インセンティブ

④ 理念的インセンティブ

⑤ 自己実現的インセンティブ

こうしたインセンティブをうまく組み合わせることで、**インセンティブ・システム**は構成される。インセンティブ・システムのつくられ方によって、人々の行動にはどのような影響が出るのだろうか。一般的に、次の5つの面でインセンティブ・システムは人々の行動に影響を与える。

① 目的に合った行動の選択

② 自分の仕事への努力の注入

③ 他の人々との協力

④ 学習

⑤ 情報伝達

しかし、こうした5つの効果はしばしば矛盾を引き起こす。ここで重要となるのが、企業の存在や活動を規定する経営戦略である。製品開発をねらった戦略策定を行う一方で、既存の製品にかかわる業務に高いインセンティブを与えれば、当然新製品を開発するというモチベーションは低くなる。市場浸透戦略をとる企業が、実際にそのために奮闘する営業や販売にインセンティブを与えなければ、市場への製品やブランドの浸透は無理である。このように、経営戦略とバランスをとったインセンティブ・システムを策定することが、ここでは重要となってくる。

（2）人の配置と育成

さきに見たように、人をどういう仕事や地位に配置するかという課題は経営の効率性の問題だけでなく、今後その人をどう育てていきたいか、ひいては企業をどの方向に進めていきたいのか、そのためにどういった人材を育てるべきか、という長期的な視点での人材育成の問題とかかわる非常に重要な課題である。これはつまり、今後の企業の経営をどう進めていくか、どういった経営戦略を策定していくかの根幹にかかわる重

212

第1節 ● 組織・人事制度の必要性

要な課題である。それを踏まえたうえで、人の配置と育成の決定機能と
しての人事機能の重要性はどこにあるのかを考えてみる。

① 適材適所

　企業の効率性や意思決定の有効性と緊密にかかわっているのが、人と
仕事とのマッチングである。いわゆる、適材適所をいかに達成するか、
という問題である。適材適所を達成するためには、理論的には人材の能
力や気質、性格が判断でき、一方で、職務で要求される資質が明確にわ
かる必要がある。しかし、実際には完全な適材適所の達成は不可能であ
る。ただ、人は時として驚くような成長を見せることや、思いもしなか
った能力を開花させることがある。こうした才能の芽を発見するには、
情報システムや評価制度だけでなくトップマネジメントやマネジャーの
人間的な目利きも重要となってくる。人事機能は、マネジャーの意見や
みずからの採用、マネジメントを通して、これらの人々をいかに経営戦
略と適合した部署や部門に配置していけるしくみをつくれるかによって、
その機能の能力そのものを問われるといっても過言ではない。

② 人材形成への影響

　適材適所でも触れたように、人の配置や仕事内容、地位や役職はその
人の人材形成に大きな影響を及ぼす。仕事への人の配置は、その人の知
識や熟練のパターンを決める。それだけでなく、仕事に適合したものの
見方や考え方、行動までもが影響される。適材適所の影響と違い、人材
形成の影響は長期的な効果がある。そのことから、人の配置は企業の将
来の人的資源のあり方、ひいては経営戦略のあり方までも決めてしまう
重要課題なのである。

③ インフォーマル・グループの形成

　人事機能の重要性の第3は、企業内部の非公式グループの形成に影響
を与えることである。実際の職場で仕事を行うと、単に仕事に関する知
識や能力が形成されるだけではなく、ともに働く人々についての知識や、
人々との感情的な絆が形成される。このような感情によって結びついた
集団をインフォーマル・グループと呼ぶ。

213

インフォーマル・グループは、その職場での仕事の遂行に、時には公式的な命令以上に強い影響を及ぼすことがある。企業が掲げる経営理念や策定した経営戦略を達成するのに望ましい意思統一がされている場合、こうした感情により形成されるインフォーマル・グループはきわめて機能的に働くが、その逆の場合は仕事の遂行の邪魔になる。また、場合によっては複数のインフォーマル・グループによる派閥争いやコンフリクトの結果、企業経営や戦略計画の達成に大きな影響を及ぼすことも考えられる。

こうしたインフォーマル・グループに対して企業経営の表裏からうまくバランスをとり、時に利用し、時に排除しながらマネジメントしていくことも、人事機能の重要な役割の1つである。

第2節 ● 人々の動機づけ

第 2 節　人々の動機づけ

学習のポイント

◆組織における個々の人間行動を理解するために、人は何によって動機づけられるのかについてさまざまな研究が行われてきた。

1　個人の動機づけ理論

　個人の動機づけ理論は大きく内容理論とプロセス理論に分類することができる。動機づけの内容理論は、人間の行動を起こさせるものは何か、すなわち、人間を動機づけるものは何かに焦点を当てた理論である。この理論の代表的なものとして欲求理論が挙げられる。これは、人間は何らかの欲求や動機を持ち、基本的にこの欲求や動機を充足しようとして行動すると仮定する。主要な欲求理論には、欲求階層理論、達成動機づけ理論、2要因理論などがある。

　他方、プロセス理論は、特定の行動がなぜ起こり、どのように進み、どう終わるのかというプロセスに焦点を当てた理論である。その主要な理論には期待理論や公平理論、反応強化理論がある。期待理論は、人間の動機づけは、行動についての期待と行動の結果から得られる価値で規定することができると仮定する。すなわち、将来への期待こそが特定のタスクを達成する努力の大きさを決める、と考えるのである。これに対して、反応強化理論は、過去の行動が報われた度合によってその行動が反復されると考える。つまり、反応強化理論は動機づけを過去の経験から説明しようとするところに、その特徴が見られる。

215

第12章 ● 組織マネジメントに関する基礎知識

図表12-2-1 ●動機づけ理論とその特徴

	理論的特徴	代表的な理論	経営への適用
内容理論	行動を動機づける要因に焦点を当てる	欲求階層説 Ｘ理論・Ｙ理論 動機づけ－衛生理論	さまざまな報酬による個人の満足度の向上
プロセス理論	行動を動機づける要因だけでなく、その行動が反復される可能性を高める要因にも焦点を当てる	期待理論 公平理論 反応強化理論	個人のインプット認知を明確にし、そのうえで期待された行動に対するインセンティブを強化する

　これらの動機づけ理論は、管理者が組織メンバーを動機づける場合にそれぞれ異なる対応が必要であることを示唆している点が重要である。以下では、これらの動機づけ理論の中から、いくつかの代表的な理論について、細かく見ていく。→図表12-2-1

（1）欲求階層説

　マズローによると、人間は、①生理的欲求、②安全への欲求、③所属・愛情への欲求、④尊厳への欲求、⑤自己実現への欲求、の５つの欲求を持っており、これらの欲求は低次元から高次元へ階層を形成するという。そして、人間はこれらの欲求の中で満たされていないものがあると、内部に緊張を生じさせ、緊張をなくそうとして行動を起こす。しかし、行動によってそれが満たされると、満たされた欲求はもはや行動を動機づけることができないと仮定する。このようにして、人間の欲求満足化行動は、低次元から高次元へと段階的に移行していくというのである。

　科学的管理法が一般的であった時代では、公正な賃金払いが動機づけの基本と考えられていた。これは、欲求の階層でいえば最も基礎的な生理的および安全への欲求を充足することに目標を置いていたといえる。しかし、マズローは、人間はこうした生理的欲求や安全欲求にとどまらず、さらに上位の欲求、帰属・愛情への欲求や尊敬への欲求を満たそう

216

とさらに行動を続け、最終的に最上位の欲求である自己実現への欲求を充足することによって最も強く動機づけられると主張する。そして、自己実現への欲求だけは、それが満たされてもその重要性は減少せずに逆に増加するという仮説を提示している。

（2）Ｘ理論とＹ理論

このようなマズローの考え方は、心理学者のマクレガーのＸ理論とＹ理論の仮説によって経営管理への適用が可能となった。

マクレガーは、まず伝統的管理論を要約して**Ｘ理論**と名づけた。それは、人間の性質や行動について次のような基本前提の上に成立するとしている。

① 人間はもともと仕事が嫌いで、できることなら仕事をしたくないと思っている。

② 人間は仕事が嫌いであるという特性を持っているがゆえに、強制したり統制したりしなければ、組織目標達成のために十分な力を発揮しない。

③ 人間は命令されることを好み、責任を回避したがり、何よりもまず身の安全を望んでいる。

Ｘ理論は、このような基本前提に立つ以上、命令・統制による人間管理を基本とせざるを得ない。Ｘ理論では、マズローのいう高次の欲求を達成することは難しく、結果として人間の動機づけを促進することはできない。したがって、より高次の欲求への移行を意図した、より人間的な側面を重視した考え方が必要になってくる。人間的な側面をより重視した考え方を、マクレガーはＸ理論に対比して**Ｙ理論**と名づけた。Ｙ理論は、次のような基本前提の上に成立している。

① 人間は仕事が嫌いでなく、条件次第で仕事は満足の源泉にも懲罰の源泉にもなる。

② 人間は自分が望んで献身する目標のためには、みずから熱心に働く。

③ 献身的に目標達成に尽くすかどうかは、それを達成して得る報酬

第12章 ● 組織マネジメントに関する基礎知識

次第である（もちろん、ここで最も重要なものは自己実現への欲求の充足である）。

④　人間は条件次第では、みずから進んで責任をとろうとする。責任回避、野心のなさ、安全第一は、人間本来の性質ではない。

⑤　企業内の問題を解決するために比較的高度な想像力を駆使し、創意工夫をこらす能力は、たいていの人に備わっているものであり一部の人だけのものではない。

⑥　現代の企業では、従業員の知的能力をほんの一部しか生かしていない。

　以上の考察によると、Ｘ理論とＹ理論との間では基本前提としている人間像において、根本的な差異が認識される。Ｘ理論によると、もともと怠惰な人間を統制するには、命令や統制しか考えられない。しかし、Ｙ理論によれば、従業員が怠け、無関心で、消極的になるのは、すべて管理者のほうに原因がある。したがって、管理者は従業員が持っている能力を十分に発揮できる条件をつくることが重要であると主張するのである。

　Ｙ理論の基本は統合原則、すなわち従業員個人が持つ目標を最大限に達成できると同時に、それが組織目標の達成と繁栄につながり個人目標と組織目標が統合されることを意味する。そこでは、個人の統制は権限による統制ではなく個人の自己統制にゆだねられるし、経営管理者の使命は個人目標の同時拡大と統合を可能にする組織条件をつくり出すことになる。そして、Ｙ理論の実際の適用例として、分権と権限委譲、職務拡大、参画的経営、目標管理などが提示されてきたのである。

（3）「動機づけ－衛生」理論
　マズローの欲求階層説やマクレガーのＹ理論は、それぞれ自己実現欲求や企業における「人間的側面」の重要性を指摘している点において十分にその意義がある。しかし、いまだに現実の世界で十分に実証された

理論ではない。これに対して、実証研究の中から生まれてきた現実的な考え方がハーズバーグの**「動機づけ－衛生」理論**である。

　ハーズバーグは、ペンシルベニアのピッツバーグで約200人の会計士と技術者を対象に、職務への満足および不満足と労働意欲の関係を調査した。その調査は「現在あるいは過去に経験した仕事について、特に満足したあるいは不満足であったときのことを考え、そのときに何が起こったか」を質問し、それに答えてもらうという形式のものであった。

　その結果、仕事の満足感は一般的に仕事の内容に関連し、不満足感は仕事の環境に関係していることが明らかになった。つまり、組織の中には人間の積極的な態度を引き出す要因（職務満足要因）と、人間に不満を起こさせる要因（職務不満足要因）の２種類の要因が、同時に独立して働いていることがわかったのである。

　職務満足要因は、個人の職務内容に関連する要因、すなわち仕事達成、業績が認められること、やりがいのある仕事、重い責任、成長と発展などであり、「動機づけ要因」と名づけられた。また、職務不満足要因は、個人の職務環境に関する要因、すなわち組織の政策と管理、監督者や同僚・部下との人間関係、給与、労働条件、職務安定性などで、「衛生要因」と名づけられた。

　そして、「動機づけ要因」は個人の心理的成長と自己実現を満たすといった真の動機づけに貢献し、「衛生要因」は予防的・環境整備的で、個人の成長をもたらすことはできないが、仕事の成果のロスを防ぐことに貢献すると主張したのである。この考え方は、動機づけ要因の重要性ばかりではなく、これまでの人間関係論者がほとんど無視してきた衛生要因の重要性も、同時に指摘している点において非常に重要である。

（4）期待理論

　動機づけのプロセス理論としての代表的なものに、期待理論がある。期待理論では、組織メンバーの動機づけは、職務遂行の努力が何らかの個人的報酬をもたらすであろうという「期待」と、そのような報酬に対

図表12-2-2 ●ポーター&ローラーの期待理論モデル

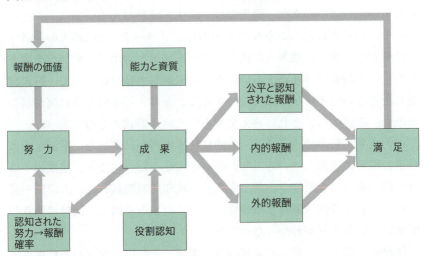

して持つ主観的価値「誘意性」の2つの要因の積で決まると仮定する。

ここでは、期待理論の代表的なモデルとして、ポーター&ローラーのモデルを取り上げ、詳しい考察を試みる。→図表12-2-2

このモデルでは、まず個人の「努力」は、「報酬の価値」と努力すればこれだけの報酬が得られるであろうと予想する「期待」により決定される。したがって、報酬に高い価値が認められ、報酬への期待が高ければ高いほど、より大きな努力を払うことになる。

報酬の価値としては、賃金、友情・昇進・認められること、称賛、自己実現などが考えられるが、どれに高い価値を付与するかは人によって異なる。また、努力は具体的に測定可能な「成果」をもたらすが、努力とその成果とは、必ずしも等しくなるとはいえない。というのは、従業員個人がいくら努力しても、本人に能力がなかったり、自分の職務（役割）を正しく理解していなかったりすると、その努力は十分な成果に結びつかなくなるからである。

個人は成果を達成すると、報酬を期待するようになる。報酬には、「内

的報酬」（友情・昇進・認められること、称賛、自己実現など）と「外的報酬」（賃金、福利厚生など）がある。もちろん、両方とも必要であるが、「内的報酬」のほうが「成果」と「満足」をより強く結びつけ、動機づけにより強く貢献するものと考えられている。

さらに、「成果」と「満足」の関係は、個人がこの成果に対してこれだけの報酬が公平に与えられるべきであると期待する「公平と認知された報酬」によって決定的に影響される。そして、実際の報酬が公平と思われる報酬と同等か上回る場合に限って、個人は満足するようになる。ここで重要なことは、「個人の満足が実際の報酬によって同じように満たされるわけではない」ということである。つまり、個人の「満足」は、「実際の報酬」と「公平と認知された報酬」の調和によって決定されるものなのである。

第12章 ● 組織マネジメントに関する基礎知識

第 3 節
戦略への
コミットメント創出

学習のポイント

◆個人は集団になることで固有の特性を発揮する。集団の行動
原則に基づき、集団へのコミットメントや戦略へのコミットメ
ントがいかにして形成されるかを検討することが可能になる。

　これまでは個人の動機づけ理論について考察してきたが、個人の欲求
や期待は、多分に個人に固有な特性を持つものであった。そして、そう
した個人が集団を形成すると、また個人や組織に見られない固有の特性
が発生するのである。

　リカートは、このような集団の運動法則に着目し、独自の人間関係論
として「管理の新しいパターン」（1964）に注目した。新しい管理のパタ
ーンは3つの原則の上に成立している。ここでは、その原則を詳細に検
討した後に、いかに集団へのコミットメントを創出するか、そしてどの
ように戦略へのコミットメントを形成していくかについて検討すること
にする。

1 集団へのコミットメント創出

　リカートの新しい管理パターンにおける第1原則は、支持的関係の原
則である。それは心理的な原則で、「管理者の役割は、部下に対して真の
関心を示し、集団内の各構成メンバーが上司や同僚から支持され、人間
としての重要性や価値が認められ、自己の能力が十分に発揮されている、

と信じるような相互作用を創り上げること」をいう。

リカートによれば、「組織体の中の人間が自分の経歴、価値、欲求、期待のすべてについて組織のあらゆる相互作用、人間関係の中で支持されるという実感を持つこと、さらにいえば、人間としての尊厳性を自覚し、かつ信じ続けること、これを組織体のリーダーシップやその他のやり方によって最大限にもたらせるようにするのが『支持的関係の原則』である」としている。

このような支持的関係の原則は、なぜ必要なのであろうか。それは、集団へのコミットメントにかかわるからである。組織論では「組織コミットメント」の概念がよく用いられているが、それは、

① 組織の目標や価値観を自分のものとして受け止めていること
② 組織の設定した仕事や役割に対して心理的に打ち込んでいること
③ 組織への愛着心があり、そのメンバーとして長くとどまろうとする気持ちを持っていること

といった要素が満たされている状態や関係をいう。

グループ・ダイナミクスの研究では、「集団のメンバーが、集団で受け入れられ、メンバーの一員として価値が認められたときに、集団に強い魅力を感じる」ということを明らかにしている。こうした集団の魅力は、凝集性という言葉で表される。ここでいう凝集性とは、より正確にはメンバーがその集団にとどまりたいと望む強さであり、メンバーの集団に対するコミットメントなのである。

したがって、支持的関係の原則とは、要するに集団へのコミットメントを高め、凝集性の高い集団をつくり上げるための原則であることにほかならないといえる。

2 集団的意思決定と戦略

新しい管理パターンのための第2原則は、組織構成の単位を小集団とし、集団的意思決定を行わせるということである。具体的には、組織を

図表12-3-1 ●連結ピン組織の概念図

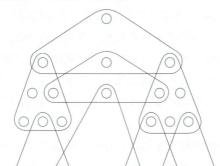

　小集団で覆い尽くすために、小集団を組織の構成単位（ビルディング・ブロック）とし、構成単位間の連結を「連結ピン」で結ぶという考え方である。これによって、集団のメンバーの参画による意思決定が促進されるのである。

　「**連結ピン**」とは、小集団をつなぎとめコミュニケーション・センターの役割を果たすもので、この機能は管理者や監督者などのリーダーによって果たされる。→図表12-3-1

　ここで注目したいのは、連結ピン組織においては、集団という概念が前面に押し出されていることである。リカートは、これまでの人間関係論での主張とは違い、組織の構成単位を個人ではなく集団としている。それは、個人は集団のためにあり、メンバー間の相互作用は集団でのみ行われるため、集団管理を組織活動の中心とする必要があるからである。

　それは、前述したとおり、現在のように高度に不確実で目まぐるしく変化する経営環境に対して企業が有効に適応するためには、企業全体の戦略を1人または少数の人間で立てることが難しいからである。その対応策として、組織の構成メンバー全員が戦略的発想を持ち、戦略の形成および実行のプロセスに積極的に参加しなければならない。

　集団における目標や価値観の共有は、こうした組織的な意思決定や戦

略策定において必須の条件であり、それを可能にするための1つの考え方として、このリカートの原則が挙げられるのである。リカートは「組織はその構成員が個人としてではなく、高い業績目標を有する高度に効率的な作業集団の成員として働くときに、最高の機能を発揮することができるのである。したがって、管理者は、高度に効率的な集団を創り上げ、この集団を1つの全組織へと結合するように努力しなければならない」と説明する。連結ピン組織は、集団のメンバーの頻繁な相互作用を構造的にも可能にし、この頻繁な相互作用は集団凝集性を生み出す。さらに、メンバーは集団における意思決定に参画するので組織の目標が個人の目標になり、集団において組織と個人の目標が一体化されるのである。このことは、戦略の策定プロセスおよび実行プロセスにおいて、非常に重要な意味を持つ。

3　戦略へのコミットメント創出

　原則の第3は、高い目標の原則である。従来の人間関係論では、管理者は従業員の欲求に対して関心を持ち、これに同情的な態度をとらなければならないとしてきた。これに対して、リカートは「高い業績目標を掲げることが人間の自己実現欲求を満たし、生産性を向上させるために必要である」と主張する。

　凝集性の高い集団は一般的に生産性が高いとされているが、グループ・ダイナミクスの研究成果は、仕事に関連した明確な目標を持ち、その達成に成功した場合に、特に生産性が高くなる傾向があることを明らかにしている。ところが、ホーソン工場実験で明らかにされたように、この凝集性も両刃の剣であり、集団の目標が組織の目標と一致しないときは、逆に集団規範に基づいた生産規制が生じてしまう。このような点を克服するためにも、この原則は重要であるといえよう。

　さらに、高い目標は、メンバーの戦略へのコミットメントを導き出すことができる。誰もが簡単に達成できるような目標には、人間はすぐに

興味を失ってしまう。人間は高い目標を持っているからこそ挑戦意欲をいだき、目標達成のためのエネルギーが自然と引き出されるようになるのである。さらに、目標が適度の創造的な活動を要求するものであれば、このエネルギーがより増大することはいうまでもない。

> **Column** **ちょっとご注意**
>
> 《グループとチーム》
> 　グループ（集団、集合）とチームとは、混同して使われる場合も多いが、正確にはその定義が異なるので注意が必要である。
> 　グループとは、「特定の目的を達成するために集まった、互いに影響を与え合い依存し合う複数の人々」であり、主として情報共有と意思決定のために交流する集まりである。つまり、そこには能力や努力を重ね合わせることによる相乗効果は期待していない。グループの業績は最大になってもメンバーの貢献の総和である。
> 　一方、チームとは協調を通じてプラスの相乗効果を生む集団である。つまり、組織が投入量を増加させることなく産出量を増やすことが「可能になる」のである。ただし、あくまで可能になるのであり、単にグループをチームと呼ぶだけでは業績は上がらない。チームの運営には、グループ以上のマネジメントスキル（インセンティブ・システム、目標設定、コミュニケーション、信頼の醸成など）が必要となるのである。（ロビンス、1997）

第4節 ● コンフリクトとその解消

第4節 コンフリクトとその解消

学習のポイント

◆組織においてコンフリクトは不可避であり、変化に際してなくてはならない要素でもある。その正の側面を活用することで、管理者はコンフリクトを組織戦略に有効活用するべきである。

1 コンフリクトの有効性

コンフリクト（conflict）とは、葛藤、対立、紛争などと訳され、一般的には対立する目標、態度、行動などから生まれる葛藤のことを指す。コンフリクトは、個人内、個人間、集団間、組織間という具合に、組織のあらゆるレベルに発生している。

伝統的な考え方では、コンフリクトは組織にとって決して好ましいものではなく、なるべく回避すべきものと考えられてきた。しかし、調和、平和、協力は、必ずしも高い成果をもたらすとは限らない。そこで、最近はコンフリクトについての考え方が、次のように変化してきている。

① コンフリクトは、不可避である。

② コンフリクトは、変化になくてはならない要素である。

③ コンフリクトは、うまく管理されている限り組織にとって有用である。

つまり、管理者はコンフリクトにおける正の側面をむしろ活用すべきであると考えるようになったのである。コンフリクトは、マネジメントの仕方によっては、大きな創造性を発揮することができるのである。た

227

第12章 ● 組織マネジメントに関する基礎知識

とえば、組織内部のコンフリクトを認め、集団志向を排除し、あらゆる情報を手に入れそれを活用して作成された計画と、コンフリクトを回避し、無修正で承認された計画とでは、どちらがより創造的であり有効的であるかは容易に理解できるであろう。

2　部門間コンフリクトの発生要因

部門間コンフリクトの発生に影響を及ぼす要因としては、①部門間の相互依存関係、②タスクの不確実性、③目標・時間志向、④業績評価、⑤共通資源の利用可能性、の5つが考えられる。

まず、部門間の相互依存関係については、図表12-4-1に示すように、3つのタイプに分類される。

図表12-4-1 ● 部門間の相互依存関係

分類	集積型	連鎖型	交互依存型
相互依存の度合い	低	中	高
相互依存のタイプ	○　●	○ → ●	○ → ●

第1は、個々の部門が全体に対して独立して貢献しているタイプであり、集積型の相互依存関係と呼ばれている。第2は、ある部門のアウトプットが他の部門のインプットになるタイプで、連鎖型の相互依存関係である。第3は、ある部門のアウトプットが他の部門のインプットになり、またその逆にもなるタイプで、交互依存型と呼ばれているものである。

ここで注目したいのは、部門間の相互依存関係が集積型から連鎖型に移行するにつれて、相互作用の頻度が多くなると同時にコンフリクト発生の機会も増大するということである。具体的には、1部門のタスク遂行が他部門のタスクに依存するようになるにつれて、相互の期待が高ま

り、コンフリクトが発生する可能性が高くなるのである。

第2に、タスクの不確実性も部門間のコンフリクトの発生に影響を与える。タスクの不確実性は、タスクの明確性（部門の欲求や責任はどの程度まで明確になっているか）と、タスク環境（直面している環境が部門間でどの程度異なるか）によって規定される。タスクの不確実性が高まれば高まるほど、組織タスク達成のために部門間で相互に伝達しなければならない情報のフローの要求が高くなる。そこで、2つの部門が共同で意思決定するようになると、両部門間のコンフリクトが発生する可能性も高くなるのである。

第3は、目標・時間志向である。ローレンス＆ローシュ（1977）は、環境の不確実性が高くなるほど、組織は環境の変化に有効に適応するために組織内の機能をより分化させ、より強力な統合機構を発達させると指摘している。そして、「分化」が高まれば高まるほど、両部門間の目標一致を確保することが難しくなり、コンフリクトが発生する可能性も高くなるのである。

第4の業績評価は、部門間の相互依存性が大きい場合、両部門の共同の成果よりもそれぞれの部門別の成果が強調されるようになり、コンフリクト発生の可能性が高まるというものである。

第5の共通資源の利用可能性とは、部門間で限られた共通の資源を共有しなければならないことを意味する。このような場合、資源獲得をめぐるコンフリクトが発生しやすくなるのである。

3 部門間統合の組織戦略

以上で考察したコンフリクトの発生要因は、いずれも部門間の相互作用と情報処理への要求を高め、組織における部門間統合のニーズを喚起する。部門間統合の戦略は、それぞれの要因によって多様な代替案が考えられるが、大きく、組織の構造面からのアプローチと、管理者の行動面からのアプローチに分けることができる。ここでは、構造的アプロー

チである部門間統合の組織戦略に焦点を当て、その詳細を検討していく。

ガルブレイス（1980）は、9つの部門間統合の戦略を提示している。それらは、次のように要約することができる。

① 規則と手続により、事前に部門間の統合を決めておくこと
② 複数の部門に共通の階層（上司）を利用すること
③ 部門間にタスク達成に結びつく目標やターゲットを設定するなど、計画による調整を利用すること
④ 問題に関与する管理者間での直接コンタクトを活用すること
⑤ 相互に接触頻度の高い2部門間に連絡役割をつくること
⑥ 多部門に影響する問題を解決するタスク・フォースをつくること
⑦ 常に発生する問題に対しては、恒常的な集団やチームを採用すること
⑧ 統合部門を設置すること（たとえば、企画部や社長室など）
⑨ 複数の指示系統によってコントロールされる組織形態（マトリックス組織構造）

以上の組織戦略は、①から⑨に移行するにつれて組織の情報処理能力を加算的に高めていくことになる。同時に、機械的（官僚制的）な統合戦略から、有機的な統合戦略への移行にもなるのである。

4　コンフリクトの解消行動

次は、管理者の行動面からのアプローチに焦点を当て、統合の行動戦略について考察する。それらはコンフリクト解消ともいわれ、実際にコンフリクトが発生した場合、管理者はどのような解消スタイルをとったらよいのか、という問題を扱う。一般的にコンフリクト解消行動は、自己主張傾向と協力傾向の2次元でとらえることができる。→図表12-4-2

自己主張とは、当事者が自分自身の利害関係を満足させる意図であり、協力性とは、他者の利害関係を満足させる意図と定義される。この2次元モデルにより、①競争、②回避、③順応、④妥協、⑤協力、の5つのコ

図表12-4-2 ●コンフリクト解消構造のモデル

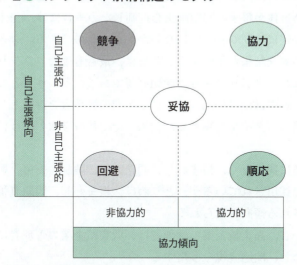

ンフリクト解消のタイプを識別することができる。そして、野中（1980）は、コンフリクト解消の望ましいスタイルとしては、「協力」タイプを挙げている。

　他方、ローレンス＆ローシュ（1977）は、①回避、②妥協、③強制、④宥和、⑤問題直視、の５つのコンフリクト解消スタイルを提示している。そして、彼らはマネジャーが実際にどのようなコンフリクト解消スタイルを採用しているのかについて詳細な調査を実施した。

　その結果、業績のよい会社のマネジャーも業績の悪い会社のマネジャーも、第１番目には「問題直視」を採用していることがわかった。ところが、第２番目には、業績のよい会社のマネジャーが「強制」を採用しているのに対して、業績の悪い会社のマネジャーは「宥和」を採用していたのである。つまり、業績のよい会社のマネジャーは「宥和」よりむしろ「強制」を次善の策として採用していることがわかったのである。

　このことは、業績のよい会社のマネジャーは、少なくとも問題点を回避しないで決定しようという意思があることを示唆している。そして、

第12章 ● 組織マネジメントに関する基礎知識

強制によって解決しようとする代案が組織の目標と一致している場合や、強制の行為自体が将来の問題解決を抑制しない場合には、「強制」は質の高い意思決定に結びつくのではないか、というのである。ローレンス＆ローシュの調査結果が示唆するところは、最も有効なコンフリクトの解消は強制にバックアップされた問題直視である、ということなのである。

さらに、野中ほか（1996）は、日本企業の管理者を対象とし、コンフリクト解消のスタイルを調査した結果、その特徴を次のように説明している。

① 業績に関係なく、根まわし、問題直視、強制、妥協、順応、宥和の順で採用されているが、とりわけ、根まわし、問題直視、強制が多用される傾向が見られる

② しかし、高業績企業の管理者は、低業績企業の管理者に比べて、根まわし、問題直視を多用する

③ これに対して、低業績企業の管理者は、妥協、順応、宥和のような消極的コンフリクト解消を多用する傾向がある

この調査結果からすると、日本企業では、全体的にはローレンス＆ローシュの研究が示唆しているように「強制にバックアップされた問題直視」のコンフリクト解消が多用される傾向が見られる。そして、高業績の管理者は低業績の管理者に比べて、全般に積極的コンフリクト解消行動をとる傾向を見せていることがわかるのである。さらには、組織におけるコンフリクト解消行動が合理的かつ積極的に行われるほど組織の成果は高く、逆に妥協、順応、宥和のような非合理的かつ消極的解決に陥るほど組織の成果は低下することが明らかにされたのである。

232

第5節●戦略と人的資源管理

第5節 戦略と人的資源管理

学習のポイント

◆戦略に適合した人的資源管理論が注目されている。人事部主導の日本的な慣行から、戦略が人的資源管理を規定する手法への対応が求められる。

　近年、戦略的人的資源管理（Strategic Human Resource Management：SHRM）という考え方が普及している。人的資源管理と戦略をより整合的に整備しようという動きである。

　企業における人材の開発・教育については、労務管理を基礎とし、HRM（Human Resource Management＝人的資源管理）、そして現在ではSHRMという考え方が一般的となってきた。

　欧米のSHRMの中では、各企業によって異なる組織内外の環境と人材マネジメントのベストフィットを追求するパターン、もしくは同質的な人材マネジメントを進めるベストプラクティスを追求するパターン、の2つの考え方が主流となっている。その中でもさらに、人間重視と戦略重視の2つの側面があり、人間重視はソフトバージョン、戦略重視はハードバージョンと呼ばれる（須田、2010）。

　ソフトバージョンは、メンバーのコミットメント・モチベーションを通じて会社のパフォーマンスを向上させることから、"ヒト"を重視したものとなっている。社員参画や権限移譲、積極的な人材開発によって社員のモチベーションやコミットメントを向上させ、パフォーマンスへと結びつけるのである。カギとなる方策は、高い雇用保障、社員との情報共有、社員への高い教育投資、出来高給などが指摘されている。

233

一方、ハードバージョンは、個人が有する能力を有効活用することを重視しており、コミットメント・モチベーションが特に重視されるわけではない。ヒトは戦略実現のための経営資源の1つという考え方をとる。つまり、経営戦略と人材マネジメントのマッチングモデルを考えるわけである。

人事制度の基本的な考え方として、ソフトとハード、ベストフィットアプローチ、ベストプラクティスの関係が考えられる。単純化するのであれば、最善のHRMがあるという立場、経営戦略とHRMの適合を考えるという立場、そして、前記2つの統合としてのHRMの最善の組み合わせを考えるという立場が存在する。

これまでの研究で指摘されている成果では、自社にとってのベストフィットモデルなのか、業界で最も優れたベストプラクティスモデルなのかという議論の違いはあるが、ここでは、最も基本的な3つの基本戦略と人的資源管理の実践の対応を見てみよう。須田（2005）は、シューラー＆ジャクソンの研究をもとにポーターの3つの基本戦略と戦略的な人的資源管理の関係性についてまとめている。イノベーション戦略、高品質戦略、コスト削減戦略の3つに対応するHRM実践として、図表12-5-1のようにまとめられている。

ここで重要なことは、戦略的に重要だとされている行動を引き出すように、その行動に対して評価ができているか、という一貫性である。それは、業界にとってベストプラクティスな場合もあるだろうし、自社にとってベストフィットの場合もあるだろう。よく考えたうえで、選択し、設計すべきである。

第5節●戦略と人的資源管理

図表12-5-1 ● 3つの競争戦略タイプにフィットしたHRM

イノベーション戦略	高品質戦略	コスト削減戦略
・従業員間の相互関係と協調性を求める職務特性 ・長期的な成果とグループとしてのパフォーマンスを重視した評価 ・外部労働市場における公平感以上に内部公平感を重視した賃金決定 ・賃金水準は低く、高い株による報酬の比率が高い ・選択肢の多い報酬パッケージ ・幅広いスキル開発と幅広いキャリアパス	・固定された職務内容 ・職務遂行に対する従業員参画の高さ ・個人とグループのパフォーマンスをミックスした評価 ・短期志向で結果重視の評価 ・比較的高い職務保障 ・広範で継続的な人材開発	・明確化・固定化された職務内容 ・スペシャリスト育成中心 ・幅の狭いキャリアパス ・短期志向で結果重視の評価 ・賃金水準は市場賃金をもとに決定 ・最低限の人材開発

出所：シューラー＆ジャクソン（1987）をもとに作成

235

第12章　理解度チェック

次の設問に、○×で解答しなさい（解答・解説は後段参照）。

1　組織・人事機能においてインセンティブ・システムを設計する際に重要なのは、組織がどういった人々で構成されているかということであり、企業の方向性などは考慮する必要はない。

2　動機づけ理論の内容理論とは、人間の本来持つ欲求や動機に着目した理論である。

3　リカートの提唱する管理者の重要な役割とは、集団を結びつけるコミュニケーション・センターの役割である。

4　コンフリクトは組織的な意思決定や戦略実行を阻害する要因であり、なるべく回避すべき問題である。

5　戦略と人的資源管理は、それぞれ独立した要素として機能する。

第12章　理解度チェック

解答・解説

1 ×
インセンティブ・システムの設計において重要なのは、企業がどういった戦略策定を行っているのか、ということである。企業戦略を遂行するために、バランスのとれたインセンティブの組み合わせを策定することが最も重要である。

2 ○
動機づけに関する理論は２つあり、それは内容理論とプロセス理論である。内容理論は、人間の欲求や動機そのものに焦点を当てた研究で、主なものとして欲求階層理論や２要因理論などが挙げられる。

3 ○
リカートは、集団の連結を「連結ピン」という概念で明らかにし、それによる円滑なコミュニケーションが意思決定を促進するとしている。そして、その役割を果たすのが、管理者や監督者なのである。

4 ×
現在の経営研究においては、コンフリクトは不可避である以上にむしろ変化になくてはならない要素であり、うまく管理されている組織にとっては有用なものとされている。一定のコンフリクトは、創発的効果やよい緊張を生み、経営戦略の実行を大きく推進させる効果がある。

5 ×
戦略と人的資源管理は、近年いかに整合的に運用するかが課題となっており、戦略的人的資源管理として盛んに議論されている。

第 **13** 章

会計・財務の基礎知識

この章のねらい

　本章では、経営戦略と密接なかかわりを持っている会計および戦略的企業財務の基礎知識を取り上げる。

　会計は、経営における羅針盤のような役割を果たしている。企業の経営者は、会計データから作成された財務諸表を見て、自社の事業が成果を生み出しているかどうか、確認している。さらに、自社の過去の財務諸表や他社の財務諸表と比較することで、経営上の問題点を分析・把握している。

　第1節では、財務諸表4表と呼ばれる貸借対照表、損益計算書、株主資本等変動計算書およびキャッシュ・フロー計算書の概要ならびにそれぞれの関係を概観する。

　第2節では、経営戦略に関連する基本的な企業財務を解説したうえで、ROEによる企業価値最大化経営のための戦略を紹介する。

　本章の各節の解説はあくまで基礎的なものであり、主に経営戦略との関連性について記述されている。詳細な解説や理解のためにも、各分野についてのより詳しい文献によって理解をさらに深めてほしい。

第13章 ● 会計・財務の基礎知識

第 1 節 会計に関する基礎知識

学習のポイント

◆財務諸表４表それぞれの関係について理解する。
◆貸借対照表、損益計算書、株主資本等変動計算書およびキャッシュ・フロー計算書の概要ならびにそれぞれの関係について理解する。

　株式会社は会社法に基づく決算書類として、決算期ごとに「貸借対照表」「損益計算書」および「株主資本等変動計算書」を作成している。また、株式公開している上場企業は、上記の３表に「キャッシュ・フロー計算書」を加えた４表を作成している。この４表を「財務諸表４表」という。この４表の関係を視覚的に表すと、図表13-1-1のようになる。以下でそれぞれの財務諸表について見ていく。

1 貸借対照表と損益計算書の関係

　貸借対照表は、企業の財政状態（＝ストック）を表し、毎期、各勘定科目の残高は累積していく。貸借対照表の右側は、会社がお金をどのような方法（負債か、出資か、内部留保か）で調達したのかを示している。貸借対照表の左側は、会社が調達したお金をどのような資産で運用しているのかを示している。貸借対照表の左側は、会社が行った経営戦略の結果を示しているともいえる。
　一方、損益計算書は企業の経営成績（＝フロー）を示し、会計期間が終わり翌期首になると、各勘定科目の残高はゼロに戻る。損益計算書上

240

第1節 ● 会計に関する基礎知識

図表13-1-1 ● 財務諸表4表の関係図

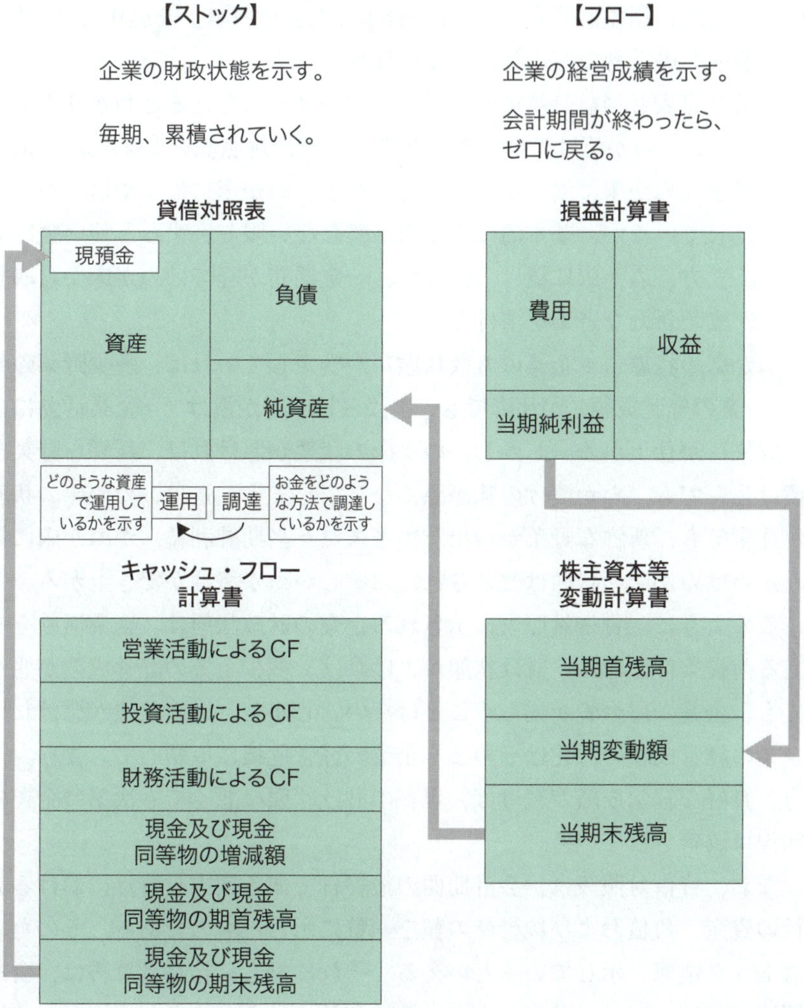

【ストック】

企業の財政状態を示す。

毎期、累積されていく。

【フロー】

企業の経営成績を示す。

会計期間が終わったら、
ゼロに戻る。

貸借対照表

現預金	負債
資産	
	純資産

どのような資産で運用しているかを示す 【運用】【調達】 お金をどのような方法で調達しているかを示す

損益計算書

費用	収益
当期純利益	

キャッシュ・フロー計算書

営業活動によるCF
投資活動によるCF
財務活動によるCF
現金及び現金同等物の増減額
現金及び現金同等物の期首残高
現金及び現金同等物の期末残高

株主資本等変動計算書

当期首残高
当期変動額
当期末残高

＊CF：キャッシュ・フロー

の「収益」から「費用」を控除したものが「当期純利益」となる。損益
計算書は、会社の会計期間における損益の状況、すなわち会社の財産が

241

第13章 ● 会計・財務の基礎知識

どのように増加または減少したのかを示す一定期間のプロセスを表している。なお、損益計算書は、「株主資本等変動計算書」を経由して、「貸借対照表」の「純資産の部」の額に反映される。

　貸借対照表と損益計算書の関係は、次のように考えるとわかりやすい。いまここに、ぬか漬けの樽があるとする。貸借対照表を「ぬか床」、損益計算書を「ぬか床に漬ける野菜」とみなす。ぬか床には水や塩、ぬかなどを足していくが、基本的にぬか床は腐らない限り、ずっと使い続けていく。一方、ぬか床に漬ける野菜は、一定期間が経てばぬか床から取り出し、また新たな野菜を漬ける。

　ぬか床の状態（＝企業の財政状態）が安定していれば、多少野菜の味（＝企業の経営成績）が凡庸でも、すばらしいぬか漬け（＝企業活動による成果）が仕上がる。しかし、ぬか床の状態が悪ければ、新鮮な野菜を漬け込んでも、ぬか漬けの味が悪くなってしまう。逆に、ぬか床の状態が凡庸でも、新鮮な野菜から出たエキス（＝当期純利益）がぬか床に染み込めばぬか床の状態は改善され、おいしいぬか漬けができ上がる。

　このように、貸借対照表に示される企業の財政状態は、企業活動を支える前提条件となる。財政状態がよければ、多少企業の経営成績が悪くても、企業の屋台骨が揺らぐことはない。しかし、財政状態が悪ければ、企業の経営成績の悪化はそのまま企業の経営危機に直結してしまう。一方、良好な経営成績が続けば、現在の財政状態は悪くても次第に企業の状況は改善されていく。

　なお、貸借対照表は、会計期間の最終日である期末日時点における会社の資産、負債および純資産の額を一覧に示したものである。そのため、ストック情報を示しているといえる。それに対し、損益計算書は、会計期間における収益、費用および当期純利益の動き、すなわちフローの情報を示している。

242

第 1 節 ● 会計に関する基礎知識

2 株主資本等変動計算書について

株主資本等変動計算書とは、貸借対照表の純資産の部の期首から期末までの変動状況を示す変動計算書であり、「株主資本」「評価・換算差額等」および「新株予約権」の 3 区分に分かれ、それぞれの内訳および当期変動額が記載される。2005（平成 17）年 7 月に会社法が公布され、株主総会または取締役会の決議により剰余金の配当をいつでも決定できるようになり、株主資本の計数も常に変動する可能性が出てきた。このため、財務諸表の利害者が企業の資本金、準備金および剰余金の数値の連続性を把握できるようにするため、企業側に株主資本等変動計算書の作成が義務づけられた。

株主資本等変動計算書の「当期首残高」は、前期末の貸借対照表の純資産の部の内容（項目およびそれぞれの残高）と一致している。また、当期末残高は、当期末の貸借対照表の純資産の部の内容（項目およびそれぞれの残高）と一致している。

3 キャッシュ・フロー計算書について

キャッシュ・フロー計算書とは、1 会計期間におけるキャッシュ・フロー（資金の流れ）の状況を、「営業活動」「投資活動」および「財務活動」の区分ごとに表示したものである。資本市場の国際化・グローバル化が進むにつれて、日本の企業会計基準の国際会計基準への収れんの必要性が高まり、1999（平成 11）年度から「会計ビッグバン」が始まった。キャッシュ・フロー計算書はその一環で企業側に作成が義務づけられた。

貸借対照表および損益計算書は、実現主義および発生主義によって作成される。これは、収益・費用の対象となる役務の提供や事実が起きた時点で収益および費用を認識する方法を意味している。それらを認識する際、経営者による将来の見積もりや判断が、資産や負債、損益の金額の計算に反映されることから、貸借対照表および損益計算書は、会計上

243

第13章 ● 会計・財務の基礎知識

の操作が入りやすい財務諸表であるといえる。たとえば、固定資産減損会計や税効果会計などは、まさに、経営者による将来の見積もりや判断によって、資産、負債および損益の額が大きく左右される。このため、会計監査人による監査において、経営者の見積もりや判断の妥当性の有無について、厳しく検証されるのである。

　一方、キャッシュ・フロー計算書は、現金及び現金同等物（＝３カ月以内に満期日を迎える定期預金のように、換金が容易であり、価値の変動について僅少なリスクしか負わない短期投資のこと）の期首から期末までの変動額を活動区分別にグロス・アップさせた表であるため、会計上の操作が入りにくい財務諸表である。

　企業の「黒字倒産」という言葉があるが、これは、会計上の利益が出ているにもかかわらず、資金繰りが行き詰まって経営破たんするケースである。こういう企業の「キャッシュ・フロー計算書」を見ると、「営業活動によるキャッシュ・フロー」が恒常的に赤字であることが多い。このように企業の真の業績は損益計算書だけ見ていてはわからず、キャッシュ・フロー計算書と一緒に照らし合わせて初めて把握できる。

244

第2節 ● 戦略的企業財務に関する基礎知識

第 **2** 節 | # 戦略的企業財務に関する基礎知識

学習のポイント

◆経営戦略に関連する戦略的企業財務として、企業価値の向上を目的とした戦略的企業財務やM&A、ROEに基づいた企業経営などが挙げられる。

◆ROEによる企業価値最大化経営のための戦略には、さまざまな選択肢があるが、短期的視点だけでなく長期的な視点、経営戦略に基づく戦略的な投資が必要となってくる。

1 戦略的企業財務

戦略的企業財務とは、企業財務の分析や、それに基づいて企業経営への示唆を与えるための手法というよりも、それらの考え方をベースとしながら、企業価値、ひいては株主価値を極大化するためのビジネスモデルの再構築や事業再編そのものを意味するものである。

本来的な企業財務を消極的というならば、こちらは積極的な戦略的企業財務といえる。たとえば、アウトソーシングやM&Aにより、ビジネスモデルの改善や企業の質的な成長を実現したり、株式交換や資本提携などの方法で本業の量的成長自体を一気に加速させたり、不採算事業のみを売却し、コア事業に特化した組織づくりを推進するといったことが、戦略的企業財務として挙げられる。

245

第13章 ●会計・財務の基礎知識

2 企業価値最大化のための経営

　従来、日本の多くの企業はとにかく「よいものを安く」という単一の競争のもとで経営を展開してきた。これはある意味、資本の生産性を無視した経営であった。しかし、近年では株主主権のコーポレートガバナンスの台頭や、経営のグローバル化により、こうした資本生産性を無視した経営からの脱却が求められている。

　そこで、注目されるのがROE（株主資本利益率）に基づきその最大化を目指す企業価値最大化経営である。ROEは企業の収益性を測る指標であり、株主資本（株主による資金：自己資本）が企業の利益にどれだけつながったのかを示す指標である。一般に、ROEが高いほど株主資本を効率よく使い利益を上げていることから、能力の高い経営がなされていると考えられる。逆に、ROEがあまりにも低い企業は、資金をうまく使えていないことから、経営能力が低いと考えられ、会社の存在価値そのものが疑われることにもなる。

　ROEによる企業価値最大化経営のための戦略にはさまざまな選択肢があるが、その最大の特色はどの企業もそれぞれがユニークな付加価値創出のために、製品やサービスの開発のみならず、経営戦略や組織マネジメントにおいても創意工夫を凝らし、他の企業との差別化を図る努力を不断に迫られる点にある。ROEに焦点を当てた経営においては、単に平均的な価値創造活動を行っていても、競争が十分に行われている市場になればなるほど、利益が上がらなくなる。それゆえ、多くの企業は競合する他社が市場で資金を投下しても手に入れることのできない、ユニークな付加価値をつくり出す必要があるのだ。

　こうしたROEに基づく企業価値最大化経営が目指すところは、一定のパイを奪い合うゼロ・サムの競争環境ではなく、新たに生まれてくるプラス・サムの価値創造の追求であり、パイのサイズそのものの極大化なのである。

246

第2節 ● 戦略的企業財務に関する基礎知識

3 戦略投資

　ROE最大化を目的とし、企業がユニークな付加価値の創造を達成するためには、短期的視点に基づいた投資だけでは不可能である。長期的な視点、経営戦略に基づく、企業内部の資源蓄積のための戦略的な投資が必要となってくる。戦略投資には状況に応じてさまざまなものが考えられ、たとえば従業員に対する教育投資などはその一例である。また、将来の企業の多角化や事業の拡張を見越した企業買収や、今後必要となる技術を得るためのアライアンスに対する投資、将来的に有望なベンチャー企業への投資なども、長期的な視点に立った戦略投資の一環といえよう。

　戦略投資は一方で、リスクの高い投資であることは間違いない。しかし、そこから得られるリターンを考えると、必ずしも投資回収率が悪いとも言い切れない。また、たとえその投資によって得られたものが、結果的に企業の将来や戦略上必要でないものであったとしても、それを行わなかったゆえに事業展開の可能性を失うといったリスクを回避する意味もある。

　企業が長期的に成長・存続するためには、単にROEを求めるのではなく、こうしたみずからの経営資源の獲得にみずから投資するファンド的な役割も企業にとっては重要なものとなっている。

4 M&A

① M&Aとは

　M&Aとは、他の会社の経営権を取得して、経営資源を短期で拡大する行為である。競争に打ち勝つためには、スピーディなビジネス拡大が重要な成功要因となっており、そのためには、自然成長的な拡大だけに頼っていては、優れた技術・ノウハウを持っていても、競争に負けてしまう可能性がある。

　同業他社の経営資源を経営権の取得を通じて確保して、瞬間的な拡大

247

を図り、企業発展のスピードを飛躍的に速めることができる。M&A後に、買収した企業の人材の流出を止め、業務水準をベストプラクティスに高める手間はかかるが、でき合いの企業を買収したほうが、みずからが成長するよりも、成長拡大の速度は比較にならないほど速い。

M&Aは、Mergers and Acquisitionsの略称で、「合併と買収」という意味である。具体的な手法としては、

1）合併
2）株式交換・移転
3）会社分割
4）株式譲渡・第三者割当増資
5）事業譲渡
6）業務提携

などさまざまな方法がある。

② M&Aのメリット

現在、なぜ事業再編の手法としてM&Aが注目されるようになってきたのだろうか。それは、

(1) 企業を取り巻く環境変化のスピードが速くなっていること
(2) 市場の成長が落ち、競争が激化していること

といったことが要因である。コア事業の強化のために、M&Aによる瞬間的な質的・量的な拡大が必要なのだ。

たとえば、企業が新規分野に進出しようとした場合、市場性の調査や投入する新製品の開発、新製品を投入するための新たなマーケティング手法の開発等が必要となる。当然、それらの活動を推進する人材の確保や技術・ノウハウの蓄積も必要になるわけだが、これだけ市場の変化と競争環境が厳しさを増す中では、こうした活動のすべてを自前で迅速に行うのは難しい。

そこで、M&Aという手法で、技術・ノウハウや必要な人材を有する企業を獲得し、迅速な事業の再編を行うのである。いってみれば迅速にコア事業を強化するための「時間を買う」ということであり、これがM

第2節 ● 戦略的企業財務に関する基礎知識

＆Ａの最大のメリットともいえる。特に、ベンチャー企業や中小の新興企業などの場合、創業経営者の力量だけでも一定の成長を図ることはできるが、規模が拡大するに従い新たな経営手腕や経営資源がなければ、さらなる成長を促進することは難しい。

そうした場合に、たとえば大手企業との間で資本提携をしたり、合併・株式交換の手法により合従連衡を行ったりすることで、新しい資源や経営ノウハウを注入したほうが成長を加速できることもあるだろう。

企業が成長を続けるうえで、コア事業自体に成長の要素を内包していることが必要であることは当然だが、いまの時代はそれだけではなく、十分な速度の成長を続けることを目指さなければならない。技術革新のスピードがきわめて速いことや、市場がグローバル化して競争環境が変わったことへの対応を考えたとき、場合によってはＭ＆Ａなどの外部資源の内包化といった手段は、きわめて有効な手段となりうるのである。

249

第13章 理解度チェック

次の設問に、○×で解答しなさい（解答・解説は後段参照）。

1 貸借対照表の左側は、会社がお金をどのような方法（負債か、出資か、内部保留か）で調達したのかを示し、貸借対照表の右側は、会社が調達したお金をどのような資産で運用しているのかを示している。

2 貸借対象表や損益計算書には、経営者による将来の見積もりや判断が反映されるため、会計上の操作が入りやすい財務諸表であるといえる。

3 企業価値最大化のためには、利益を上げることを優先した経営を行う必要がある。

4 M&Aの最大の利点は、迅速に必要な経営資源を獲得できることである。

第13章 ● 理解度チェック

第13章　理解度チェック

解答・解説

1 ×
会社がお金をどのような方法で調達したのかを示しているのは、貸借対照表の右側であり、会社が調達したお金をどのような資産で運用しているのかは、貸借対照表の左側である。

2 ○
たとえば、固定資産減損会計や税効果会計などは、まさに、経営者による将来の見積もりや判断によって、資産、負債および損益の額が大きく左右される。このため、会計監査人による監査において、経営者の見積もりや判断の妥当性の有無について、厳しく検証されるのである。

3 ×
利益を上げることを優先すると、短期的な視点での収益を上げることになりかねない。ユニークな付加価値創出のためには、戦略的な投資が必要である。

4 ○
M&Aは、本来時間をかけて蓄積しなければならない経営資源を迅速に獲得できる点で「時間を買う」戦略といえる。しかし、獲得した資源を有効に生かすためには、そのための経営戦略の策定、実際の経営における経営手腕の発揮などが必須となる。

251

第14章

マーケティングに関する基礎知識

この章のねらい

　マーケティングは、もともとは経営戦略においては機能別戦略の1つとして用いられてきたが、近年ではその役割が大きくなり、全社的な戦略の一環として扱われるようになってきている。本章では、そうしたマーケティングの基礎的な知識を学んでいく。

　マーケティングを考えるうえで最も重要となるのは「顧客」である。顧客の不満を解消し、顧客満足の最大化を図ることがマーケティングの基本である。

　また、マーケティングの実行フェーズで重要となるのが、マーケティング・ミックスである。製品、価格、流通、プロモーションの4つの領域において検討すべき施策を検討するマーケティング・ミックスについて、ここでは簡潔に説明する。そして、最後に今後のマーケティングについても検討していく。

第14章 ● マーケティングに関する基礎知識

| 第 1 節 | # マーケティングに関する基礎知識 |

学習のポイント

◆マーケティングは、顧客のニーズに企業の製品やサービスを適合させることであり、環境適合の側面から経営戦略の策定にきわめて重要な役割を果たす。

◆マーケティングの中心概念として挙げられるのが、マーケティング・ミックスと呼ばれる製品、価格、流通、プロモーションの4つである。

1 経営戦略におけるマーケティングの意義

　経営戦略においてマーケティングは機能別戦略の1つとして用いられるが、近年では多くの企業がそのレベルにとどまらず、全社的な戦略の一環として扱うようになってきている。それほどにマーケティングは、企業経営において重要性を増している。

　マーケティングとは、顧客のニーズに自社の製品・サービスを適合させることである。つまり、顧客の不満を解消し、顧客が欲しているものを提供することにより、顧客満足の最大化を図ることが基本となる。ところが、顧客のニーズが複雑に変化する今日、顧客に満足してもらえる製品を開発することはきわめて難しい。このことは、一部門だけでなくトップマネジメントから現場に至るすべての人間が、常に顧客は何を求めているのか、自分たちはそれに対して何ができるのかを問い続けることで、マーケティングとかかわっていかなければならないことを示している。

254

第1節 ● マーケティングに関する基礎知識

2　マーケティング・ミックス

　マーケティング戦略の実際の実行プログラムとして考えられるのが、マーケティング・ミックスである。マーケティング・ミックスとは、マーケティングの４Ｐともいわれ、製品（Product）、価格（Price）、流通（Place）、プロモーション（Promotion）の４つの頭文字をとることに由来する（マッカーシー、1978）。

（1）製品戦略（Product）
　一般的に製品とは、「注目、取得、使用、消費を目的として市場に提供されるものであり、物的対象、サービス、パーソナリティ、場所、組織、そしてアイデアを含むもの」として定義される。そして製品戦略とは、自社製品の優位性を目指して、競合他社との差別化を図る製品差別化戦略を意味する。たとえば、携帯電話を１つとってみても、カメラ付き携帯電話やGPS（Global Positioning System）機能付き携帯電話、携帯コンピュータの機能を持ち利用者が後から機能を追加できるスマートフォンへと変遷したように、競合他社より製品の機能や質の向上によって差別化を図る機能別差別化、折りたたみ式携帯にすることでコンパクトさを強調する外観的差別化、デザインをシンプルにしたりカラフルにする心理的差別化など、製品差別化戦略にはさまざまな方法がある。
　さらに、製品の差別化だけが製品戦略ではない。既存製品の寿命を計画的に縮め、新製品の需要を喚起させる計画的陳腐化戦略がある。これはパソコンのモデルチェンジやアパレル業界の流行商品の発売など、デザインや機能を短期間のうちに変更させることで、既存製品の魅力度を低下させ、顧客の買い替えを促すものである。

（2）価格戦略（Price）
　価格とは、顧客が商品を買うか買わないかを決める最も重要な選択肢の１つである。ほとんどの顧客は値段が安ければ安いほど喜んで商品を

255

第14章 ●マーケティングに関する基礎知識

購入し、逆に値段が高ければ高いほど購入を差し控える。しかし、すべ
ての商品が本当にそうであろうか。

　たとえば、新製品の飲料などは、明らかに他の製品よりも安価で販売
されるケースなどが見られる。これは、最初から低価格で販売すること
でとにかく一度顧客に使用してもらい、その後に多くの顧客に愛用して
もらうことで、他社の製品へ流れることを防ぐことが目的である。こう
した戦略を市場浸透価格戦略という。

　一方、発売直後から高い価格を設定し、価格にそれほど敏感でない訴
求力の高い顧客に販売することで、製品開発に費やした資金を早期に回
収する戦略を上澄み吸収価格戦略という。また、高級ブランド商品や高
級食材などの高価格製品は、むしろ「高いからこそ売れる」という側面
を持つ。なぜなら、価格には、安心・安全・鮮度・信用といった心理的
付加価値も購買要因の１つとして加わるからである。消費者が商品に対
して相応の価格価値があるという理解を持っていれば、高価格でも十分
に販売することは可能なのである。

（3）流通戦略（Place）

　「新しいビールの新製品が発売されました。のどごし爽やか、コクのあ
る旨味、キレ。いままでにかつてないビールのCMをあなたは目撃しま
した。価格もお手頃で既存のビールより10円も安い。あなたは酒店へそ
のビールを購入しようと一目散に駆けつけました。しかし、そのビール
は酒店に置いてありませんでした」

　これでは顧客の満足を満たすどころか、飲みたいのに飲めないという
不満を生じさせることになる。いくら画期的製品やすばらしいCM、お
手頃価格であっても、商品が顧客の手に渡らなければ顧客を逃すことに
なりかねない。現在、製品開発のみに力を入れすぎて流通を軽視するメ
ーカーが非常に多く目立つ。

　そもそも流通とは、製品を製造するメーカーから最終ユーザーに製品
が渡るまでの場所（経路）のことである。通常の製品は、メーカー→卸

256

売業者→小売業者→消費者という経路をたどる。なかには多数の卸売業者を通って、最終ユーザーにたどりつく製品もあれば、メーカーから直接ユーザーに届けられる製品もある。

現在の流通戦略はメーカーから最終ユーザーへモノを運ぶのではなく、共同配送、ダイヤグラム配送、ITなどを駆使して1分1秒でも早く届ける情報処理システムが発達している。その中でも、EDI（Electronic Data Interchange＝電子データ交換）やジャスト・イン・タイムなどは現在の流通システムに欠かせない存在となってきている。

（4）プロモーション戦略（Promotion）

プロモーションとは、企業が特定の製品に関する情報や機能を顧客に伝える活動である。一般に企業が顧客に情報を伝達する手段には、広告・宣伝、広報、販売促進などが考えられる。

① 広告・宣伝

広告と聞いて真っ先に頭に思い描くものは、新聞の折り込みチラシやテレビCMであろう。ラジオや雑誌、バスや電車の中吊り、インターネットのホームページに掲載される広告などさまざまな手法がある。広告のメリットは、明らかに広い範囲に伝達可能だということである。

だが、これは企業が一方的に情報を伝達するため、顧客は誤って理解してしまうこともありうる。また、広告費の増加はいまや企業にとって無視できない金額となっているが、その一方でこうした広告や宣伝の効果はいまだに明確ではない。企業は、そういったデメリットも踏まえながら、効果的な広告や宣伝を打てるような方策を策定していかなければならない。

② 広報

広報とは、会社が金銭的な負担を負うことなくテレビや新聞、雑誌などの媒体に自社の記事を掲載してもらうことである。これは、第三者のマスコミが自社の意図とは関係なく商品をより客観的に紹介するため、顧客からの信頼が得られやすい。自分たちが自社製品を宣伝するより、

第14章 ● マーケティングに関する基礎知識

第三者が製品を認めてくれたほうが、消費者にとってより信憑性が高い情報となる。しかし、こうした第三者がすべて企業の都合のよいように製品を取り上げてくれるとは限らない。なかには非難・中傷する記事が掲載されることもしばしばある。

③ 販売促進

販売促進としては試供品（サンプル）やクイズ、アンケートによる懸賞、記念品贈呈、ポイントカードなどが考えられる。知名度の低い製品の場合、とにかく一度使ってほしいとき、また名前を覚えてもらいたいときによく使われる手法である。

特に最近、多くの企業で採用しているのがポイントカードである。ポイントカードとは、顧客の使用頻度に応じていくらかのポイントを顧客に与えることで、後日商品や金券に換えることができるものである。リピーターとしての顧客確保を目的に用いられることが多く、航空会社の「マイレージカード」などもその例である。近年では飲食店、ホテル、スーパーなどサービス業全体で販促として使用されている。

しかし、最近ではこのポイントカードを中止する傾向もある。ポイントはあくまで企業の負債であり、いずれ顧客に還元しなければならない。しかし、多くの企業ではポイントを負債として換算しないことから、後に大きなリスクを背負うことになりかねないからである。

マーケティング・ミックスとは、これら**4つのP**（Product、Price、Place、Promotion）の間にしっかりと整合性がとれるようにマネジメントすることを意味する。つまり、何を、いくらで、どこを通じて、どうやって知らしめて、売っていくか、をバランスよく策定・実行していくことが重要なのである。

（5）今後のマーケティング

古くは、マーケティングとは多くの場合、流通業者や顧客に製品やサービスを売り込む販売促進（**プッシュ戦略**）が中心であった。しかし、

258

第1節 ● マーケティングに関する基礎知識

　顧客のニーズが多様化・複雑化した近年では、従来のプッシュ戦略では顧客のニーズに対応しきれないことから、逆に顧客主体の、顧客に選んでもらえるような製品やサービスを提供することを目的とした**プル戦略**を活用するようになってきた。今後は、さらに複雑化・多様化する顧客ニーズに応えるために1対1の製品やサービスの提供、いわゆる**ワントゥワン・マーケティング**がさらに重要となってくるであろう。

　これまでの多数の顧客の最大公約数的なニーズを満たすことで、商品からの収益を最大化することを目指したマス・マーケティングから、1人ひとりの顧客の細かい要望やニーズを抽出し、その情報をもとに各自に合わせた製品やサービスを、それぞれが好むタイミングで提供する究極的な顧客志向マーケティングに移行していくであろう。また、IoTの発展も、そうした顧客の細かいニーズの把握や製品サービスの提供手段として、大いにマーケティングに寄与している。

259

第14章 ● マーケティングに関する基礎知識

第14章　理解度チェック

次の設問に、○×で解答しなさい（解答・解説は後段参照）。

1　マーケティングとは、自社の製品やサービスに合致するであろう顧客を探して、より多く販売することである。

2　マーケティング・ミックスにおける価格戦略では、消費者が商品に対して相応の価格価値があるという理解を持っていれば、高価格でも十分に販売することは可能である。

3　マーケティング・ミックスにおける流通戦略には、顧客への製品やサービスの提供だけでなく、ジャスト・イン・タイムなどの物流を含めた流通システム全体の構築なども含まれる。

解答・解説

1　×
マーケティングとは、顧客のニーズに自社の製品・サービスを適合させることであり、顧客ニーズが先に検討されなければならない。

2　○
価格には、安心・安全・鮮度・信用といった心理的な付加価値も購買要因として加わるため、それらの付加価値を満たすのであれば高価格であっても購買を促すことは可能である。

3　○
流通戦略とは、製造から顧客までの製品やサービス経路の全体的なデザインを指す。高速化・細分化された商品配送やコンピュータによる商品管理などは、こうした流通戦略によって高度に進化した典型的な事例である。

参考文献

アンゾフ，H. I.（広田寿亮訳）『企業戦略論』産業能率大学出版部、1988年

松下幸之助『道をひらく』PHP研究所、1968年

ホーファー，C. W. & シェンデル，D.（野中郁次郎ほか訳）『戦略策定－その理論
と手法』千倉書房、1981年

マッカーシー，E. J.（粟屋義純監訳、浦郷義郎訳）『ベーシック・マーケティン
グ』東京教学社、1978年

コトラー，P.（村田昭治監訳）『マーケティング・マネジメント〔第7版〕』プレ
ジデント社、1996年

ロランジ，P.（中村元一訳）『戦略計画の実行－その効率性と成功事例』ホルト・
サウンダース・ジャパン、1984年

奥村昭博『企業イノベーションへの挑戦』日本経済新聞出版、1986年

伊丹敬之『人本主義企業』筑摩書房、1987年

嶋口充輝・石井淳蔵『現代マーケティング〔新版〕』有斐閣、1995年

伊丹敬之・加護野忠男『ゼミナール経営学入門〔新装版〕』日本経済新聞出版、
1989年

奥村昭博『経営戦略』日本経済新聞出版、1989年

西澤康弘編『企画コアスタッフ－変革の時代の指針と実際』企業研究会、1990年

ロジャーズ，E. M.（青池慎一・宇野義康監訳）『イノベーション普及学』産業能
率大学出版部、1990年

戦略経営協会編『経営理念・ビジョンハンドブック』ダイヤモンド社、1991年

坂下昭宣『経営学への招待〔新装版〕』白桃書房、2014年

コトラー，P. & アームストロング，G.（和田充夫・青井倫一訳）『マーケティング
原理〔第9版〕』ダイヤモンド社、2001年

ハメル，G. & プラハラード，C. K.（一條和生訳）『コア・コンピタンス経営』日
本経済新聞出版、2001年

ポーター，M. E.（土岐坤ほか訳）『競争の戦略〔新訂〕』ダイヤモンド社、1995年

石井淳蔵・加護野忠男・奥村昭博・野中郁次郎『経営戦略論〔新版〕』有斐閣、
1996年

261

神谷蒔生・竹内裕『参画型経営計画−中長期を見据えて』同文舘出版、1996年

桑田耕太郎・田尾雅夫『組織論〔補訂版〕』有斐閣アルマ、2010年

丹羽哲夫『経営企画部〔改訂版〕』日本能率協会マネジメントセンター、2004年

アーカー, D. A.（今枝昌宏訳）『戦略立案ハンドブック』東洋経済新報社、2002年

工藤聡生・小林一郎『企業価値を高める戦略財務シナリオ』かんき出版、2002年

ゲマワット, P.（大柳正子訳）『競争戦略論講義』東洋経済新報社、2002年

奥村昭博・池尾恭一『日経で学ぶ経営学の考え方』日本経済新聞出版、2003年

チャンドラー, A. D.（有賀裕子訳）『組織は戦略に従う』ダイヤモンド社、2004年

アンゾフ, H. I.（中村元一監訳）『戦略経営論〔新訳〕』中央経済社、2007年

（株）日本総合研究所編著『戦略経営企画』日本能率協会マネジメントセンター、
2017年

C. I. バーナード（山本安次郎訳）『経営者の役割』ダイヤモンド社、1968年

D. エイベル（石井淳蔵訳）『「新訳」事業の定義−戦略計画策定の出発点』碩学
社、2012年

T. レビット（有賀裕子訳）『T. レビット　マーケティング論』ダイヤモンド社、
2007年

R. リッカート（三隅二不二訳）『経営の行動科学−新しいマネジメントの探求』
ダイヤモンド社、1964年

J. ガルブレイス（梅津祐良訳）『横断組織の設計−マトリックス組織の調整機能
と効果的運用』ダイヤモンド社、1980年

R. ローレンス＆ W. ローシュ（吉田博訳）『組織の条件適応理論』産業能率大学
出版部、1977年

須田敏子『戦略人事論：競争優位の人材マネジメント』日経BPマーケティン
グ、2010年

須田敏子『HRMマスターコース：人事スペシャリスト養成講座』慶應義塾大
学出版会、2005年

E. マッカーシー（粟屋義純監訳）『ベーシック・マーケティング』東京教学社、
1978年

索引

[あ]

アジルカンパニー ………………… 51

[い]

移動障壁 ……………………………… 78
イノベーション …………………… 151
意味的情報 ………………………… 57
インカム・アプローチ …………… 109
インキュベーション ……………… 38
インセンティブ …………………… 209
インセンティブ・システム ……… 212
インパクト ………………………… 168
インフォーマル・グループ ……… 213

[う]

上澄み吸収価格戦略 ……………… 256

[え]

衛生要因 …………………………… 219
エコロジー ………………………… 16

[か]

外部分析 …………………………… 133
価格計画 …………………………… 119
革新者 ……………………………… 157
金のなる木 ………………………… 98
株主資本等変動計算書 …………… 243
株主主権論 ………………………… 10
可変的経営資源 …………………… 68
環境情報 ………………………… 31、69
環境適応 …………………………… 82
管理計画 …………………………… 116
関連多角化 ………………………… 200

[き]

機会 …………………………… 133、148
企業イメージ ……………………… 183
企業価値 …………………………… 108
企業価値最大化経営 ……………… 246
企業使命 …………………………… 141
企業情報 …………………………… 69
企業統治 …………………………… 9
企業特異性 ………………………… 96
企業のアイデンティティ ………… 63
企業の社会的責任（CSR）………… 16
企業ビジョン ……………………… 104
企業変革 …………………………… 57
期待理論 …………………………… 219
機能的定義 ………………………… 65
機能別投資計画 …………………… 122
規模の経済性 ……………………… 74
キャッシュ・フロー計算書 ……… 243
脅威 …………………………… 133、149
競争戦略 …………………………… 73
競争優位 …………………………… 71
協力傾向 …………………………… 230
緊急性 ……………………………… 168

[く]

クリエイティブ思考 ……………… 165

[け]

経営環境情報 ……………………… 31
経営環境分析 ……………………… 148
経営機能別方針 …………………… 112
経営計画 ………………………… 82、113
経営計画策定 ……………………… 35
経営資源 …………………………… 68
経営姿勢 …………………………… 142
経営実績 …………………………… 178
経営数値目標 …………………… 104、106

263

経営戦略 ································ 22
経営戦略の策定プロセス ·············· 130
経営戦略部門 ························· 24
経営ビジョン ····················· 87、89
経営方針 ···························· 111
経営目標 ························ 87、131
経営理念 ····················· 87、89、140
計画的陳腐化戦略 ···················· 255
経験曲線 ···························· 75
形式的情報 ·························· 57
研究開発計画 ························ 120

[こ]

コア・コンピタンス（中核能力）······ 71
後期多数採用者 ······················ 158
交互依存型 ·························· 228
構造計画 ···························· 116
行動規範 ···························· 142
行動変数 ···························· 163
ゴーイングコンサーン ················ 143
コーポレートガバナンス ··········· 9、23
コーポレート・ベンチャー・キャピタル
··································· 38
顧客分析 ···························· 161
顧客満足度 ·························· 181
コスト・アプローチ ·················· 108
コスト・リーダーシップ ·············· 73
固定的経営資源 ······················ 68
コンティンジェンシー・プランニング
··································· 168
コンプライアンス ···················· 17
コンフリクト ························ 227

[さ]

財務計画 ···························· 120
財務諸表4表 ························ 240
採用遅滞者 ·························· 158
差別化 ····························· 76

参入障壁 ···························· 78

[し]

仕入・購買計画 ······················ 120
事業構造別方針 ······················ 111
事業ポートフォリオ ·················· 94
資金計画 ···························· 122
自己主張傾向 ························ 230
支持的関係の原則 ···················· 222
自社能力分析 ························ 134
市場開発戦略 ························ 199
市場細分化 ·························· 162
市場浸透価格戦略 ···················· 256
市場浸透戦略 ························ 195
市場占有率（マーケット・シェア）·· 180
次世代事業・技術の策定 ·············· 37
実行計画 ···························· 136
シナジー ···························· 201
社会貢献 ···························· 15
社会の公器 ·························· 8
社内ベンチャー制度 ·················· 38
収益性 ····························· 180
従業員主権 ·························· 12
集積型 ····························· 228
集団凝集性 ·························· 225
集団的意思決定 ······················ 223
集中化 ····························· 77
ジュニアボード法 ···················· 35
商品市場計画 ························ 118
情報処理特性 ························ 70
情報創造活動 ························ 55
情報的経営資源 ············· 24、57、69、96
初期採用者 ·························· 157
初期多数採用者 ······················ 157
職務不満足要因 ······················ 219
職務満足要因 ························ 219
新規事業設備投資計画 ················ 122
人口統計学的基準 ···················· 162

人口動態 ……………………… 154
人事計画 ……………………… 120
新製品開発計画 ……………… 120
人本主義 ……………………… 12

[す]

衰退期 ………………………… 160
ステークホルダー ……………… 7

[せ]

生産計画 ……………………… 119
生産性計画 …………………… 120
生産能力計画 ………………… 119
成熟期 ………………………… 159
成長期 ………………………… 158
成長機会要因 ………………… 172
成長阻害要因 ………………… 172
成長の方向性 ………………… 194
製品開発戦略 ………………… 197
製品価値の多様化 …………… 158
製品価値の複層化 …………… 159
製品市場マトリックス ………… 194
製品戦略 ……………………… 255
製品ライフサイクル …………… 154
設備投資計画 ………………… 121
全社損益計画 ………………… 123
戦略管理 ……………………… 35
戦略空間 ……………………… 63
戦略グループ ………………… 79
戦略策定 ……………………… 31
戦略策定能力 ………………… 48
戦略資源 ……………………… 85
戦略シナリオ ………………… 89
戦略的意思決定 …………… 48、82
戦略的企業財務 ……………… 245
戦略的経営計画 ……………… 85
戦略的計画 ………………… 84、86
戦略的人的資源管理（SHRM）……… 233

戦略的投資計画 ……………… 121
戦略的不確実性 ……………… 149
戦略投資 ……………………… 247

[そ]

総合計画 ……………………… 116
総資産利益率（ROA）………… 181
組織計画 ……………………… 121
組織構造 ……………………… 209
組織コミットメント …………… 223
組織文化 ……………………… 210
組織文化方針 ………………… 112
組織マネジメント …………… 208
ソフトアプローチ法 …………… 35
損益計画 ……………………… 122
損益計算書 …………………… 240

[た]

貸借対照表 …………………… 240
高い目標の原則 ……………… 225
多角化戦略 …………………… 200
タスク・フォース …………… 230
短期計画 ………………… 116、118

[ち]

チャレンジャー …………… 78、188
中期計画 ………………… 116、117
中長期経営数値目標 ………… 105
中長期経営方針 ……………… 111
長期経営計画 ………………… 85
長期経営数値目標 …………… 116
長期計画 ……………………… 116
地理的特性 …………………… 162

[つ]

強み ……………… 134、177、190

265

索引

[て]
適材適所 …………………………… 213
デザイン能力 ……………………… 56

[と]
動機づけ要因 ……………………… 219
投資計画 …………………………… 121
動的資源配分 ……………………… 95
導入期 ……………………………… 156
ドメイン・コンセンサス ………… 66
ドメイン（事業領域）………… 62、93
ドメインの設定 …………………… 89
ドメインの定義 ………………… 62、94

[な]
内容理論 …………………………… 215

[に]
ニッチャー ……………………… 78、189
人間中心主義 ……………………… 15
人間的側面 ………………………… 218

[ね]
ネットワーク・コーディネーター …… 28
年次計画 …………………………… 118

[は]
花形 ………………………………… 98
バリューチェーン分析 …………… 33
反応強化理論 ……………………… 215
販売促進計画 ……………………… 119
販売チャネル計画 ………………… 119

[ひ]
非関連多角化 ……………………… 200
非公式なネットワーク …………… 31
ビジョン ………………………… 91、143

[ふ]
品質計画 …………………………… 119
フォロワー ……………………… 78、189
プッシュ戦略 ……………………… 258
物理的定義 ………………………… 65
歩留計画 …………………………… 119
部門間コンフリクト ……………… 228
部門間統合の組織戦略 …………… 230
部門計画 …………………………… 116
部門別損益計画 …………………… 123
部門別投資計画 …………………… 122
ブランドイメージ ………………… 183
ブランドロイヤリティ …………… 181
プランニング能力 ………………… 56
プル戦略 …………………………… 259
プロジェクトチーム法 …………… 35
プロセス・イノベーション ……… 151
プロセス理論 ……………………… 215
プロダクト・イノベーション …… 151
分化 ………………………………… 229

[へ]
ベンチマーキング ……………… 36、108

[ほ]
法令遵守 …………………………… 18
ポジショニング分析 ……………… 188

[ま]
マーケット・アプローチ ………… 108
マーケティング・ミックス ……… 255
マクロ環境分析 …………………… 151
負け犬 ……………………………… 99
マトリックス組織構造 …………… 230

[み]

見えざる資産 ················ 4
未充足ニーズ ················ 164

[も]

問題児 ···················· 99

[よ]

与信回収計画 ················ 119
弱み ················ 134、177、190

[ら]

ライフサイクル ················ 98

[り]

リーダー ················ 78、188
リーダーシップ ················ 210
利益計画 ···················· 116
利害関係者 ···················· 7
流通戦略 ···················· 257

[れ]

連結ピン ···················· 224
連鎖型 ···················· 228

[ろ]

ローリング方式 ················ 115

[わ]

ワントゥワン・マーケティング ····· 259

[H]

HRM ···················· 233

[K]

KSF ···················· 185

[M]

M&A ···················· 247

[P]

PEST分析 ···················· 32
PPM ···················· 97

[R]

ROE ···················· 246

[S]

SWOT分析 ···················· 33

[V]

VRIO分析 ···················· 33
VUCA ···················· 22、47

[X]

X理論 ···················· 217

[Y]

Y理論 ···················· 217

[記号・数字]

「動機づけ-衛生」理論 ················ 219
3C分析 ···················· 33
4つのP ···················· 258
5 Force分析 ···················· 32

──ビジネス・キャリア検定試験のご案内──

（令和6年4月現在）

●等級区分・出題形式等

等級	等級のイメージ	出題形式等
1級	企業全体の戦略の実現のための課題を創造し、求める目的に向かって効果的・効率的に働くために、一定の専門分野の知識及びその応用力を活用して、資源を統合し、調整することができる。（例えば、部長、ディレクター相当職を目指す方）	①出題形式　論述式 ②出題数　2問 ③試験時間　150分 ④合否基準　試験全体として概ね60%以上、かつ問題毎に30%以上の得点 ⑤受験料　12,100円（税込）
2級	当該分野又は試験区分に関する幅広い専門知識を基に、グループやチームの中心メンバーとして創意工夫を凝らし、自主的な判断・改善・提案を行うことができる。（例えば、課長、マネージャー相当職を目指す方）	①出題形式　5肢択一 ②出題数　40問 ③試験時間　110分 ④合否基準　出題数の概ね60%以上の正答 ⑤受験料　8,800円（税込）
3級	当該分野又は試験区分に関する専門知識を基に、担当者として上司の指示・助言を踏まえ、自ら問題意識を持ち定例的業務を確実に行うことができる。（例えば、係長、リーダー相当職を目指す方）	①出題形式　4肢択一 ②出題数　40問 ③試験時間　110分 ④合否基準　出題数の概ね60%以上の正答 ⑤受験料　7,920円（税込）
BASIC級	仕事を行ううえで前提となる基本的知識を基に仕事の全体像が把握でき、職場での円滑なコミュニケーションを図ることができる。（例えば、学生、就職希望者、内定者、入社してまもない方）	①出題形式　真偽法 ②出題数　70問 ③試験時間　60分 ④合否基準　出題数の概ね70%以上の正答 ⑤受験料　4,950円（税込）

※受験資格は設けておりませんので、どの等級からでも受験いただけます。

●試験の種類

試験分野	試 験 区 分			
	1 級	2 級	3 級	BASIC 級
人事·人材開発·労務管理	人事·人材開発·労務管理	人事・人材開発	人事・人材開発	
		労務管理	労務管理	
経理・財務管理	経理・財務管理	経理	経理（簿記・財務諸表）	
			経理（原価計算）	
		財務管理（財務管理・管理会計）	財務管理	
営業・マーケティング	営業・マーケティング	営業	営業	
		マーケティング	マーケティング	
生産管理	生産管理	生産管理プランニング	生産管理プランニング	生産管理
		生産管理オペレーション	生産管理オペレーション	
企業法務・総務	企業法務	企業法務（組織法務）	企業法務	
		企業法務（取引法務）		
		総務	総務	
ロジスティクス	ロジスティクス	ロジスティクス管理	ロジスティクス管理	ロジスティクス
		ロジスティクス・オペレーション	ロジスティクス・オペレーション	
経営情報システム	経営情報システム	経営情報システム（情報化企画）	経営情報システム	
		経営情報システム（情報化活用）		
経営戦略	経営戦略	経営戦略	経営戦略	

※試験は、前期（10月）・後期（2月）の2回となります。ただし、1級は前期のみ、BASIC級は後期のみの実施となります。

●出題範囲・試験日・お申し込み方法等

　出題範囲・試験日・お申し込み方法等の詳細は、ホームページでご確認ください。

●試験会場

　全国47都道府県で実施します。試験会場の詳細は、ホームページでお知らせします。

●等級区分・出題形式等及び試験の種類は、令和6年4月現在の情報となっております。最新情報は、ホームページでご確認ください。

●ビジキャリの学習体系

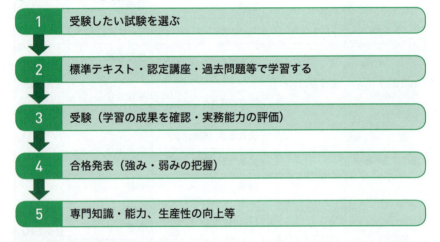

●試験に関するお問い合わせ先

実施機関	中央職業能力開発協会
お問い合わせ先	中央職業能力開発協会　能力開発支援部 ビジネス・キャリア試験課 〒160-8327 東京都新宿区西新宿7-5-25　西新宿プライムスクエア11階 TEL：03-6758-2836　FAX：03-3365-2716 E-mail：BCsikengyoumuka@javada.or.jp URL：https://www.javada.or.jp/jigyou/gino/business/index.html

経営戦略 **3級**〔第3版〕
テキスト監修・執筆者一覧

監修者

高山　誠　ハリウッド大学院大学　教授

小林 康一　高千穂大学 経営学部　教授

執筆者（五十音順）

岩田 幸大　日立グローバルライフソリューションズ株式会社　人事企画部長
中小企業診断士
…第2章、第3章（第1節）

小林 康一　高千穂大学 経営学部　教授
…第1章、第4章、第5章、第6章、第7章、第8章、第9章、第10章、
第11章、第12章、第14章

高山　誠　ハリウッド大学院大学　教授
…第3章（第2節）

服部 夕紀　公認会計士・税理士
…第13章

（※1）所属は令和6年10月時点のもの
（※2）本書（第3版）は、初版及び第2版に発行後の時間の経過等により補訂を加えたものです。
初版、第2版及び第3版の監修者・執筆者の各氏のご尽力に厚く御礼申し上げます。

経営戦略 **3級**〔第2版〕
テキスト監修・執筆者一覧

監修者

高山　誠　新潟大学大学院 技術経営研究科　教授
　　　　　　新潟大学 経済学部　教授

執筆者（五十音順）

小林 康一　高千穂大学 経営学部　准教授

柳　在相　日本福祉大学 経済学部　教授

（※1）所属は平成28年4月時点のもの
（※2）本書（第2版）は、初版に発行後の時間の経過等により補訂を加えたものです。
　　　初版及び第2版の監修者・執筆者の各氏のご尽力に厚く御礼申し上げます。

経営戦略 **3級**〔初版〕
テキスト監修・執筆者一覧

監修者

奥村 昭博　慶應義塾大学大学院 経営管理研究科　教授

執筆者（五十音順）

小林 康一　慶應義塾大学大学院 経営管理研究科
　　　　　　東洋学園大学 現代経営学部　非常勤講師

柳　在相　日本福祉大学福祉経営学部 医療・福祉マネジメント学科　教授

（※1）所属は平成19年9月時点のもの
（※2）初版の監修者・執筆者の各氏のご尽力に厚く御礼申し上げます。

MEMO

ビジネス・キャリア検定試験標準テキスト

経営戦略 3 級

平成19年12月5日	初　版	発行	
平成28年4月21日	第2版	発行	
令和6年10月31日	第3版	発行	

編　著　**中央職業能力開発協会**

監　修　**高山 誠・小林 康一**

発 行 所　**中央職業能力開発協会**
　　　　　〒160-8327 東京都新宿区西新宿7-5-25 西新宿プライムスクエア11階

発 売 元　**株式会社 社会保険研究所**
　　　　　〒101-8522 東京都千代田区内神田2-15-9 The Kanda 282
　　　　　電話：03-3252-7901（代表）

●本書の全部または一部を中央能力開発協会の承諾を得ずに複写複製することは、著作権法上
　での例外を除き、禁じられています。
●本書の記述内容に関する不備等のお問い合わせにつきましては、書名と該当頁を明記の上、
　中央職業能力開発協会ビジネス・キャリア試験課に電子メール（text2@javada.or.jp）にて
　お問い合わせ下さい。
●本書籍に関する訂正情報は、発売元ホームページ（https://www.shaho.co.jp）に掲載いた
　します。ご質問の前にこちらをご確認下さい。
●落丁、乱丁本は、お取替えいたしますので、発売元にご連絡下さい。

ISBN978-4-7894-9202-7 C2036 ¥3200E
©2024 中央職業能力開発協会 Printed in Japan